ヒト怖イ話
堕ちる首

播磨龍次

竹書房
怪談
文庫

目次

ヒト怖イ話

目次

ヒト怖イ話

目次

※本書は体験者および関係者に実際に取材した内容をもとに書き綴られた怪談集です。体験者の記憶と主観のもとに再現されたものであり、掲載するすべてを事実と認定するものではございません。あらかじめご了承ください。
※本書に登場する人物名は、様々な事情を考慮してすべて仮名にしてあります。また、作中に登場する体験者の記憶と体験当時の世相を鑑み、極力当時の様相を再現するよう心がけています。今日の見地においては若干耳慣れない言葉・表記が記載される場合がございますが、これらは差別・侮蔑を助長する意図に基づくものではございません。

ヒト怖イ話

ラジオと大男

サトシさんは十歳の時、不気味な大男に出会った。

夏、とある土曜日の夕方、母親と一緒にスーパーマーケットに入る前のことだ。

屋根のある駐輪スペースから、聞きなれない音が聞こえてきた。

それはニュースを読み上げる男性アナウンサーの声のようだった。

なんでこんな音が、と思い、目をやると、バイクのかたわらに髭《ひげ》の濃い大男が立っているのが見えた。そのバイクのシートに、小型ラジオが載っている。

大男はニヤつきながら時々、そのラジオの角を汚れた爪をした指先で撫でている。

ラジオから聞こえる声は、台風による被害を伝えるものだった。どこかで行方不明者が出たと報じている。

その途中で、別の音が時折り入り込む。大雨が川を打つ時の音やトイレの水を流す時の音のようである。そして男が抑揚に乏しい、やや高めの機械的な声音で何かを繰り返し言っている。

「……たら、……おぼ……、わるいことしたら、ゴボゴボ……」

なんだろう、変なの、と思っていると、サトシさんは母親にそっと背中を押された。

「早くスーパーに入ろうね」

あまり見ちゃダメだよ、ということだろうとサトシさんは思いながら、スーパーの店内に入った。

生鮮食品売り場で、同級生のTを見かけた。彼は暴力的で、言うことを聞かないと女子であろうと殴って泣かせてしまうような男子だった。

顔を合わせたら、母親の前で変なことを言われて、からかわれるかもしれない。

サトシさんは「トイレに行きたくなった」と母親に言うと、スーパーの入り口の外にあるトイレに向かった。

店を出て駐輪スペースを見ると、さっきの髭面の大男がまだ立っていた。

ラジオからは、さっきと同じような切れ切れの声が流れてくる。

やっぱり気味が悪いなあ、と思いながら、サトシさんはトイレに入り、店内に戻ろうとした時に、買い物を済ませてスーパーから出てきた母親と帰宅した。

その日の夜、台風の影響で大雨が降った。サトシさんの家の近くの川も、だいぶ水かさが増していた。

次の日、いじめっ子のTが学校に来なかった。

休み時間に「Tの母親が、Tの行方を捜しているらしい」という噂が流れた。

Tと仲が良かった生徒の親に「うちの子がどこにいるか知りませんか」と、早朝に電話があったらしい。

「家出したんじゃない?」「いや、誰かにさらわれたのかもね」などと、女子たちがひそひそ声でそんなことを言い合っていた。

帰りのホームルームで担任教師が「Tが怪我をして病院にいる」とみんなに話をして少しザワザワしたのは収まったが、「見知らぬ人に声をかけられても決してついて行かないように」という注意に妙な空気が流れた。

一週間休んで、Tが登校してきたが、あまり元気がなさそうだった。

何があったの？　という級友に話した内容は、あの朝早く、腹が減ったので一人で近くのコンビニに行った。その帰り道、見知らぬ髭面の大男に頭を殴られ、汚れた川面に顔を押し付けられたという。「気を失って目を開けたら病室にいた」のだとか。

それからTは、以前のようないじめをせず、おとなしい子供になった。

「なんで最近やさしいの」といつもいじめられていた女子に聞かれると、Tはグッと息を呑んで、喉にたまった唾を大きく飲み込んでから、小さな声で答えた。

「――わるいことをしたら、大男にゴボゴボされちゃうから」

側で聞いていたサトシさんは「大男」と聞いて、スーパーの駐車場で見た奇妙な男を急に思い出した。

「バイクの――」そうつぶやいた途端、Tの顔がみるみる引き攣《つ》り、教室を飛び出したまま戻ってこなかった。結局Tはその後、いつの間にか引っ越ししていなくなった。

「こないだ酔っ払って、シャッターの降りた商店街を歩いてる時に、あの変なラジオの音が路地裏から聞こえた気がして、ゾッとしたんすよね」

それでこの話を思い出したんです。

とサトシさんが話してくれた。彼は、夜道でバイクが後ろから近づいてくる音を聞くのも苦手だという。

ヒト怖イ話

おんなともだち

営業職二年目の久保田さんは、真夏日の午後二時過ぎ、馴染みの古めかしい喫茶店に入った。

コーヒーとミックスサンドを注文し、遅めの昼食を食べる。

店の中はすいていた。二つ左隣のテーブルには、男が一人、女が三人座っていたが、ただならぬ雰囲気だった。

パンツスーツ姿の若い女が、テーブルに突っ伏して、泣き声を漏らしている。

その隣に男が座り、心配そうな顔で若い女を見ていた。

泣いている女の向かいには、少し年嵩の女が二人座っている。三人とも、職場の制服らしき同じデザインの青いジャケットを着ていた。

眼鏡をかけたショートヘアの方は、泣いている女の手にそっと手を重ねていた。

もう一人のロングヘアの茶髪の女も、眉間《みけん》に皺《しわ》を寄せて、心配そうにしている。

「彼は、わたしとケンカしちゃったせいで……」

泣いている女の声が漏れ聞こえてきた。

失恋でもしたのかな、と久保田さんは思いながら、ミックスサンドを食べ続けていた。

「ちょっとすみません」

泣いていた女はふらふらと立ち上がって、久保田さんのテーブルの前を通り喫茶店のトイレに向かった。彼女の化粧は涙で崩れていたが、顔立ちは端正だった。

彼女がトイレに入ったとたん、ショートヘアとロングヘアの女は、顔を見合わせて、くすくすと笑い始めた。

目の前の男は、怒りに顔をゆがめて、何かを言っている。なに笑っているんだ、と怒っているように見えた。

「あの子、彼の自損事故だと本当に思っているみたいね」

「警察も、私たちとの関わり、わからないよ」

女二人は、ニヤケ顔でひそひそと話している。

男は身振り手振りを交えて何かを言っている。だが、目の前の女二人は全く気にする様子はない。

男が大声を出しているように見えたが、久保田さんの耳には聞こえなかった。

トイレから、泣いていた女が戻ってきた。

二人の女は再び、憐れむような顔つきになった。

「つらいと思うけど、吐き出したいことがあったら、なんでも私たちに言ってね。電話でも、メールでもいいからさ」

ロングヘアの女が言った。

「私も、あなたの苦しみを、少しでも受け止めてあげたいと思ってるから。だって私たち、ずっとおともだちでしょ」

ショートヘアの女は、眼鏡の下を指でぬぐうようなしぐさをした。

うん、うん、と、泣いていた女はしおらしくうなずいていた。

なんなんだ、あの女二人は。さっきまでニヤニヤしていたくせに、友達ぶってるなあ。

自損事故、警察、私たちとの関わり……あの女二人が、泣いている女の彼の事故に関わっていたってことなのか。

「そろそろ、戻りましょうか」

ロングヘアの女が言うと、ショートヘアの女も泣いていた女と一緒にうなずいて、一斉に立ち上がった。

男がゆっくりと顔を久保田さんの方に向けた。

男の腰から下は、影のように真っ黒だった。

あっ、と久保田さんが驚いて、何度か瞬きしているうちに、男の姿は消えた。

女性三人は、各人で会計を済ませて、喫茶店を出て行った。

彼女たちの注意をひかないように、久保田さんはミックスサンドを夢中でかぶりついているふりをした。

ミックスサンドを食べ終わった久保田さんは、彼女たちのことが気になってしょうがなかった。なので帰り際、喫茶店のマスターに「さっきのあの三人の女性たちはいったい――」と訊いてみた。

「私は商売だから相手していますけどね。あなたは何も知らない方がいいですよ」

マスターからそう忠告されたという。

ヒトコワイ話

泥に見えたら

声優養成所に通っているカンナさんは、六歳の時、妙なものを見たという。

日曜日、母親が近所のスーパーに買い物に行っていて、四歳の妹と留守番をしていた。

二人でお気に入りのテレビアニメをリビングで見ていると、耳のすぐ後ろから母親の声がした。

「ケンカしちゃだめでしょ。仲良くしなさい」

ケンカなんかしてないよ、と言いながらカンナさんが振り返ると、リビングの真ん中に、母親と背格好が似た灰色の泥の塊《かたまり》が立っていた。

カンナさんは叫び声を上げたが、とたんに視界が真っ白になった。

玄関ドアが閉まるカチャっという音が聞こえて、カンナさんは目を覚ました。

母親に灰色の泥の塊の話をすると、変な夢でも見ちゃったのね、と母親は笑った。

夢じゃないもん、わたし見て叫んだもん、とカンナさんは言ったが、お姉ちゃんはずっと静かにテレビを見てていい子にしてたよ、と妹は否定した。

その五日後、カンナさんの母親は、信号無視の車に撥《は》ねられて、しばらく入院することになってしまった。

灰色の塊が突っ込んできた、と病室の母親は話していたという。


最近、カンナさんは、高校に通う妹と久しぶりに会った。

こないだお姉ちゃんの声がして、振り返ったら変な塊が立ってた、お姉ちゃんも気を付けてね。カンナさんは妹からそう言われた。

妹が見たのは、灰色ではなくて、真っ黒でドロドロした塊だったという。


「こういう場合って、黒い車に轢《ひ》かれないように気をつければいいんですかね？」

そうカンナさんが言っていた三日後、黒いパーカーを着た男につけられている気がする、というメールがカンナさんから送られてきた。

最寄りの警察署の生活安全課には既に相談しているという。

ヒトコワイ話

義首

洋子さんは高校二年生の時に、不良っぽい同級生の男子と付き合っていた。

彼は野球部に所属していたが三年生と喧嘩をした後に退部して、暴走族に入っているような男子だった。

そんな彼は、洋子さんが下校途中に別の高校の不良男子三人に絡まれていたところに割って入ってきて、助けてくれたのだった。恐怖で震える洋子さんを心配しながら、一緒に行った喫茶店で話して、すぐに交際を決めたという。

十二月のある日、彼は学校の廊下でクリスマスデートに誘ってきた。洋子さんに断る理由はなかった。

クラスの女の子の部屋にお泊りするの。親にはそう嘘をついて、その日、洋子さんは彼との待ち合わせ場所に行った。

彼は高校生にとっては高価な指輪をプレゼントしてくれた。その後、彼のバイクの後ろに乗って、海辺の夜の公園に向かった。

洋子さんと彼は、ベンチでしばらく肩を寄せ合っていた。

いい雰囲気になった時に、彼はリュックから赤ワインだというミニボトルを渡してきた。高級そうなデザインのボトルだった。

彼がボトルに口をつけて、おいしそうに飲むのを見ながら、洋子さんも飲んでみた。

ぶどうジュースの味を想像していたが、とても苦かった。喉が焼けるようで、胃がひりひりして、吐きそうになる。

「飲みなれてないんだね。これ入れたら飲みやすくなるよ。パセリだから。ただのパセリだよ、だいじょうぶ、パセリパセリ」

彼はコートのポケットから、透明な瓶に入った緑色の粉を取り出した。

確かに、パスタにかけるような乾燥パセリに見えた。

彼が「パセリ」を入れてくれたワインに口をつけてみる。

急にジュースのように甘くなった気がした。

彼の右手が、洋子さんの肩に優しく触れ、彼の顔が、ゆっくり近づいてきた。

「実は俺さあ、ひどい親の元で育ったんだ。だから、体のあちこちが外れるんだよね。それでもいいんなら、キスしよう」

何を言ってるんだろう、と洋子さんは不思議に思いながら、真剣なまなざしの彼を見て、うなずいた。

すると、彼氏は両手で自分の左ひざを掴んで、思い切りひねった。

玄関ドアのかぎを開けた時のような音がして、左ひざが外れた。

義肢だったんだ、と洋子さんは思った。でも、そんなことがわかっても、好きな気持ちは変わらなかった。

彼は自分の右手で左肩をぐっと掴んだ。ひねると、肩が外れる音がした。

洋子さんは驚いたが、好きな彼のことは何でも受け入れようと心に決めた。

「それからね、首もなんだ」

彼が両手で自分の顎を掴んだ。カン、という音がした。

首が外れて、洋子さんの膝に置かれた。

首が外れた状態のまま、彼の右手はコートからかわいい指輪を取り出して、洋子さんの左手の薬指に指輪をはめた。

視界がぼやけていた。

さっきの「パセリ」が変なクスリだったのかな、と思っているうちに、そのまま意識が遠のいた。

気が付くと、洋子さんは自分の部屋のベッドにいた。

リビングにいた両親に、お酒飲んで帰ってきたでしょ、とひどく怒られた。

夜中にすごいバイクの音がして、悲鳴が聞こえたから、玄関ドアのスコープを覗いたら、玄関先で洋子さんが倒れていたという。母と父が一緒に運んでくれたらしい。

洋子さんの左手の薬指には、彼がプレゼントしてくれたかわいい指輪がはまっていた。

それから、彼氏の家の固定電話に何度か電話をかけてみたが、応答はないまま年末になり、年明け、学校に登校すると不良の彼の友人から、彼が死亡したと聞かされた。

「クリスマス暴走」での事故だったという。

暴走族仲間によれば、俺は無敵だ、と叫びながら、猛スピードで走っていてカーブを曲がる途中、四トントラックとぶつかったらしい。

体がぐちゃぐちゃになっちまった、と言って、暴走族仲間は泣いていた。

洋子さんは唖然とした。

そんな。あの日は、一緒にデートをしたはずなのに。

私を家に送り届けた後に事故に遭ってしまったのか。それともあの日、私は彼に会ってなどいなかったのか

彼の暴走族仲間から、悪いけど奴にはお前以外にも女は何人かいたよ、だから忘れた方がいい、と言われた。

気持ちが急に冷めて、怒りが込み上げてきた。指輪が急に不気味に思えて、近所の川に捨ててしまった。

洋子さんは今でもパセリを見ると、「だいじょうぶ、パセリパセリ」と言っていた彼の声が脳裏に浮かんで、吐き気がこみあげてくるという。

ヒトコワ イ話

K山先生ですか？

隆太さんはアプリを使って、大学のサークルの仲間とのオンライン飲み会を主催した。

一時間ほどして、参加者たちが退出する中、隆太さんはまだ周りに交際を公表していないS子とともに二人きりで残った。

十五分ほど話していると、夜の十二時になった。

そろそろ寝ようか、また明日ね、と言い合って、アプリを閉じた。

酒のせいで眠くなって、隆太さんはすぐに寝てしまった。

目が覚めると、S子からのラインが来ていた。

「どうしてあんなひどいこと言ったの？」

びっくりしてS子に電話をかけてみると、妙なことを聞かされた。

彼女いわく、隆太さんは十二時を過ぎた後に、急に不機嫌になったという。

十二時には、S子との会話を終えたはずなのに。隆太さんは不思議に思った。しかし、「オンライン中に他の男子に色目使ってただろう、そんなんだからお前は変な男に引っかかってんだよ」

オンライン上の隆太さんは、甲高《かんだか》い裏声でそんなことを言っていたという。

「なんであんなこと言うの」とS子は嘆いて、隆太さんの返答を待たずに通話を切ってしまった。

隆太さんには身に覚えのない話だった。

酔っぱらってそんなことを言ってしまったのか。いや、そんなことはないはずだ。

隆太さんはアプリにログインしてみた。

自分のユーザーネームを確かめると、全く知らない【K山薫】という名前に変わっていた。

アカウントが誰かに乗っ取られていたのか。

「勝手にユーザー名が変わってた」と、隆太さんはS子にラインを送ってみた。

変更されていたユーザー名も彼女に伝えた。

すぐに彼女から電話がかかってきた。

「私、あなたにその話をした覚えないんだけど」と、S子は不思議がりながら話をしてくれた。

【K山薫】という名前は、彼女の小学五年の時の若い女性担任の名前だったという。

当時、クラスで問題児だったというS子は、その担任からよく叱られていた。

夏休み明けに、K山先生は突然教職を辞した。

先輩教師との不倫トラブルがあった、あるいは教職が性格に合わなくてノイローゼになった、などと生徒たちは噂していたという。

「でも本当は、私のせいかもしれない」

何があったのかは言わなかったが、S子は暗い口調でそう言った。

その後、ZOOMやフェイスタイムで話す時、S子は突然不審げな目つきになり、回線がおかしい、などと言って、会話を中断するようになった。

「ねえ隆太、あなた、右肩が理由もなく重くなったりしない？」

隆太さんは何度か、S子から妙なことを訊かれた。

「なんだよ、俺の右肩らへんに、何か見えるわけ?」

隆太さんが冗談っぽく訊くと、S子は青ざめてしまった。

ほどなくS子とは別れてしまった。

右肩が重くなることはないが、夢の中で何度か、あったこともないはずのほっそりとしたパンツスーツ姿の若い女を見るようになった。

かわいらしくて、優しい顔をしている。

「もしかしてS子の担任だったK山先生ですか?」

夢の中で隆太さんが思わず訊くと、若い女は途端に歯をむき出しにして、充血した真っ赤な目を見開いて怒るという。

ヒト怖イ話

担担キング本店

健介さんは、舞台美術制作を手伝うバイトを終えた帰り道で、むしょうに担々麺が食べたくなった。

スマホで近くに担々麺を出す店がないか調べてみる。

駅の北口の方に飲み屋街があり、その中の立ち飲み屋に挟まれたスペースに「担担キング本店」という担々麺を看板メニューにしている店がある。

食べログで4・1、口コミも百票以上ついている。メニュー写真を見ると、麺の上にひき肉とほうれん草がたっぷり乗っていて、食欲がそそられた。

夏の午後七時過ぎの金曜日だった。結構混んでるかな、と健介さんは覚悟しながら向かった。

立ち飲み屋は両方とも客がいっぱいで、店の外で待っている客もいる。

だが、「担担キング本店」には、誰も入っていない。

店の中は薄暗く、もう営業は終わったのかな、と思ったが、店の横には「営業中」の立て札がある。

橙《だいだい》色の明かりの灯った細長い厨房には、白タオルを頭に巻いた店主らしき男が、手元で何か作業をしながら立っている。

健介さんが入ると、「いらっしゃいやしいい！」という威勢のいい声がした。

隣の店の外で待っていた酔客が、なぜか一斉に健介さんの方を見る。

店の中からは、香ばしいごま油と唐辛子、豆板醤のにおいがただよってくる。

「担々麺一つください」と言いながら、健介さんは薄暗いカウンター席に座った。

「はいよっ」という店主らしき男の威勢のいい声が返ってきた。カウンター席にも橙色の明かりがともった。

厨房に湯気が立った。店の中から外を見ると、すっかり暗くなっている。

「よかったらお荷物を、足元の籠に入れちゃってくださいい」

店主がニコニコした顔で、手元を動かしながら健介さんを見ている。

健介さんは言われた通り、仕事道具の入ったリュックを足元の籠に置いた。

ふぎゃあああ。

猫の声が聞こえた気がした。

リュックを慌てて持ち上げたが、猫などいない。

「はい担々麺、おまちい」

さっそく店主が担々麺を持ってきてくれた。

着丼が早すぎる、と思ったが、香ばしい湯気を嗅いだ途端、食欲が怒涛のように押し寄せてきた。香りも見た目も、思い描いていた通りの担々麺だった。

食べてみても、うまかった。辛さとうまみがちょうどいいバランスだ。

にゃあごおおう。

声を聞いて右を見ると、灰色の猫がいる。健介さんの目の前の担々麺を狙っているように見えた。

「ごめんなさいね。うちの息子にもちょっと食べさせてやってくれませんか」

はあ？　うちの息子？

飼い猫を溺愛するあまりに、自分の子供だと思っているのか？

なんで俺が金を出した担々麺を、猫にわけてやらないといけねえんだよ。

変なの、と思いながら無視して担々麺を食べ続けていると、うあああお、と恨みがましい声で灰色の猫が鳴いた。

仕方なく、箸で麺を少しすくって、猫の方に差し出してみた。

ぐがかご。

猫は前足を突っ張り、背中を思い切り盛り上げて、威嚇するような声を出した後、店の外に出て行ってしまった。

「食べさせてやってって言ったじゃないか!」

厨房の店主が急に怒鳴《どな》った。

健介さんは驚いて、店主のいる方を見た。

店主の顔は、灰色の毛に覆われていた。糸のように細くなった黒目が縦に並んで、健介さんを見た。

うわっ、と健介さんはのけぞって、椅子から転げ落ちてしまった。

背中に硬くて鋭いものが当たって、健介さんは激痛に顔をゆがめた。

喉の奥が急に苦くなり、胃液が喉元にこみあげてくる。

眼を開けると、周囲が暗い。解体中の店の中のようだった。

健介さんは荷物を手に慌てて外へ飛び出した。両隣には立ち飲み屋がある。店の外でフラフラしている赤い顔の老人が、健介さんにわらいかけた。

「あんた、相当酔ったらしいな。いらっしゃいやしい、とか叫んで、空き店舗に飛び込んだから、みんな心配しとったんやで」

仕事を終えて疲れてはいたが、酔ってなんかない。

健介さんは、わけがわからないまま、すみません、と謝り、尻や背中についたほこりを払いながら、駅に向かった。

電車に乗ってから、「担担キング本店」を調べてみた。

そんな店はどこにもなかった。食べログにも載っていない。

家に帰って、仕事道具を入れるリュックの中身を確かめた。仕事道具はちゃんと揃っているが、「ネイルハンマー」と呼ばれる金槌の、釘を挟む湾曲した部分の間に、湿った灰色の毛がぎっしり詰まっていた。

健介さんは、子供のころに近所の野良猫をいじめていたことを急に思い出し、後悔したという。

ヒトコワイ話

中古パソコン

築五十年以上という安アパートで一人暮らしをしているヤスシさんの話。

ある土曜日の夜、大学の友達三人と一緒に、自宅でオンライン飲み会をした。

「おいおい、変な背景にするなよ。それ墓地じゃねえかよ」

一人の友人が言うと、他の二人も、ヤスシさんの背景画像を悪趣味だから変えるようにと言ってきた。

ヤスシさんは、部屋の暗い色の砂壁を見られたくないので、冬の湖の写真を背景画像に設定していた。広大な湖面に、松林が上下反転して写っている。

この湖の写真が、画質が悪いせいで、墓石が並んでいるように見えてしまったのか。

あるいは、三人で俺をかついでるのか。

「お前、そういうの、ほんとよくないぞ」

普段から真面目な一人が、怒ったように言ってきた。

妙に安かった中古のノートパソコンだったから、不具合が起きているのかな。

ヤスシさんはそう思い、オンラインからいったんログアウトし、アップデートを確認してから、入り直した。

そしてしかたなく、背景画像を使わずに、後ろの砂壁をそのまま映すことにした。

それから三十分ほど友達と楽しく話して、オンライン飲みは解散となった。

翌朝、ノートパソコンを起動しようとすると、うまくいかず、画面が真っ黒なまま固まってしまった。

何度か電源を入れたり切ったりしていると、ハードディスクが動く音が聞こえた。

突然、真っ黒な画面に、指ほどの太さの白い縦線が何本か映った。鯨幕みたいに見えて寒気を覚え、急いで画面を閉じた。

ちきしょう、もう故障かよ、と思いながら、中古のノートパソコンを購入したパソコンショップに購入時のレシートを持って相談しに行った。

「補償期間なんで、もしよかったら引き取りますよ、返金しますのでね」

髭面の中年店長が笑顔で言う。ヤスシさんは返金手続きをしてもらった。

店を出ようとした時、やっぱだめか、と店長が後ろでつぶやくのが聞こえた。

半年後、そのパソコンショップが潰れた。

がらんとした空き店舗の真ん中に、なぜか黒い紙で包まれた線香の束が置かれていたという。

ヒト怖イ話

同級生だよ

田中さんは会社の同僚と馴染みのキャバクラで遊んでいた時、赤いドレスを着たキャバ嬢を見て驚いた。別れた妻とあまりにも似ていたからだ。

思わず席を離れて、赤いドレスの女に近づいた。

横顔、後ろ姿、しぐさ。近くで改めて見ても、やっぱり妻にしか見えない。

「和江?」

田中さんが背中に声をかけると、赤いドレスの女が振り返った。

「久しぶりね、田中君」

女が優しく笑った。

やっぱり妻だったのか、と思ったが、何かが違うような気もした。

別れた妻は、田中さんからの電話もメールも一切拒んでいた。こんなにやさしい顔を向けてくれるはずがない。

さらに、名前で呼ぶことはあっても、田中君、と呼ばれたことはなかった。

「奥さんとそっくりでしょ。私、同級生の吉岡あけみだよ」

女がそう言った。

あけみ……。田中さんは記憶をたどった。

同級生に、こんなかわいい子はいただろうか。こんなに妻と顔立ちが似ている女……。

「田中君、よくここ来るでしょ。だから、働き始めたの。顔も、田中君の好みの顔にしたんだよ」

田中さんは思い出した。

高校二年生の頃、陸上部のあけみという同級生から告白された。

運動が得意な、髪が短くて細身の女子だったが、その顔は田中さんの好みとはかけ離れていたので、交際を断ったことがあった。

「田中君、最近とっても暗い顔をしてたし。こんな店に通い詰めて、かわいそうだなって思って」

赤いドレスも、よくよく見れば、別れた妻が結婚式の二次会で着ていたのとそっくりなデザインだった。

「最近って……」

聞けば、あけみは高校卒業以来ずっと、田中さんを見続けているのだという。

「奥さんのこともいっぱい調べて、同じ顔にしてもらったんだよ」

そして、田中さんの別れた妻の顔に似るように整形し、離婚後によく来るこの店で働き始めたのだと話した。

「奥さんもいなくなったし、私でいいでしょ？」

気味が悪くなって、田中さんは会計を済ませると同僚と一緒に店を出た。

あけみは黒服の制止を振り切って、店の外まで追いかけてきた。

奇異な目をしている同僚には先に帰ってもらい、田中さんは立ち止まって、あけみと対峙することにした。

「なんなんだよ。気持ち悪いからついてこないでくれ」

「ねえ、そんな怖い顔しないでよぉ」

あけみが甘えるような声で言ったので、こいつは全然わかってないな、と田中さんは怒りを覚えた。

「おまえと付き合うことなど一切ないし、俺にかかわってくるな!」

あけみは悲しそうな顔をした。顔の歪め方までが、田中さんの前妻とそっくりだった。

「ねえ、どうして。私、あなたのことがずっと好きで、必要な努力は全部してきたんだよ。淫乱な前の奥さんと違って、ずっとあなただけを愛していく自信があるもん」

「ふざけるな!」

田中さんは怒鳴った。たしかに前の妻は、職場の上司と不倫関係をしていたことが発覚したので別れたのだ。こいつ、何を言っているんだ。

「あ、田中君、知らないんでしょ。前の奥さん、勤め先だけじゃなくて、私が金で動かしたホストも二人くわえこんでたわよ」

ホストも二人……こいつが仕掛けたというのか? そんなおかしな話は信じられないが、何より必死の形相で迫ってくる女に、田中さんは怖くなった。

「ねえ、あとは何が足りないの? どこを治したらいい? 目元をもっと引き締めなきゃダメ? それとも、もっと背が低くなきゃだめ? だったら、脚の骨も削るから。ねえ、教えて」

田中さんはあけみを振り切って、タクシーを捕まえて自宅に帰った。

次の日から夜中に、田中さんの部屋のインターホンが何度も鳴らされるようになった。ドアスコープを見ると、目元を包帯で巻いた女が、薄笑いを浮かべていた。キヒキヒキヒ、という声が、別れた妻が好んでつけていた口紅と同じ色の唇から漏れている。

あけみが隣の部屋に住んでいたことを知った半月後、田中さんはこっそりと引っ越した。

「もう、十年以上前のことだし、あけみを見かけたことは、引っ越して以降はないので、大丈夫だと思うんですけどね。念のため、この僕の話をどこで取材したのか、絶対に言わないでくださいよ」

田中さんは怯えを隠すように笑い声を上げた後、素早く周りを見渡した。

ヒトコワイ話

弾き語りと万札

二十歳だった太田さんが、駅前の広場で弾き語りをしていた時。

サングラスをかけたいかつい中年男に、「兄ちゃんちょっといいか」とドスの利いた声をかけられた。

中年男は短髪を金色に染めていて、黒いジャケットの下にはギラギラした派手な柄シャツを着ていた。

近くで立ち止まって聞いてくれていた若いカップルが、中年男に気圧《けお》されたのか、遠のいていった。

うわ、いちゃもんつけられるのかな、と太田さんは警戒した。

秋の夜だった。太田さんは傍らに自作のＣＤを置いて、ギターケースを開いて投げ銭を受け付けていた。

百円や五十円を入れてくれる通行人もいるが、中にはゲームセンターのコインを入れていく輩《やから》もいる。

時折、通りがかりの酔っぱらいから「下手くそ、やめちまえ」と心無い罵声を浴びせかけられることもあった。

この中年男も、嫌なクレーマーだろうか、と太田さんは身構えた。

「さっき弾いてた曲なんだけどよ、兄ちゃんのアレンジ抜きで、オリジナルの感じで弾いてくれねえか」

中年男は、微笑《ほほえ》みを浮かべながら、優しい声で言った。鼻をぐずぐず言わせている。

鼻炎気味なのかな、と太田さんは思った。

太田さんが弾いていたのは、悲恋を歌った昭和のフォークソングだった。

わかりました、といって、太田さんはアレンジ抜きでその曲を丁寧に弾き始めた。

そして歌っている間、中年男は鼻をグズグズ鳴らしていた。サングラスの下から頬にかけて、涙の筋ができている。

それを見て、彼にとっては、深い思い出がある曲なのかもしれないな、と太田さんは思った。

自分の弾き語りで涙を流してくれているのかと思うと、悪い気はしなかった。

中年男はゆっくりとしゃがみ込み、黒いジャケットの内ポケットに震える右手を突っ込んで、何かを取り出した。

写真だった。縦長の黒いフォトフレームに、若くて美しい女が笑っている写真が納まっていた。

やがて、中年男は両手を胸の前に置いて、女性の写真を太田さんの方に向ける。太田さんには、嗚咽をなんとか抑え込もうとしているように見えた。

この人の亡くなった恋人なんだろう、曲を聞かせているつもりなんだろうな。

太田さんは心を込めて、そのフォークソングを歌い終えた。

「兄ちゃん、ありがとな」

中年男は尻ポケットから財布を取り出して、紙幣を太田さんのギターケースの中にそっと置くと、立ち上がった。福沢諭吉の肖像——一万円札なので、太田さんの目が吸い寄せられた。

路上演奏をしていて、こんなに大きな額をもらったことがなかったからだ。

「あ、ありがとうございます」

思わず大声で言って、顔を上げた。

中年男の姿がない。あたりを見渡したが、どこにもいなかった。

改めてギターケースの中を見ると、数枚の硬貨の上で、少し皺の付いた一万円札が、秋の微風に揺れていて、手に取って、よく見てみた。一万円札の通しナンバーが印字されている部分が、黒く汚れていた。血かもしれないな、と太田さんは思った。

急に寒気を感じて、ギターをしまって、帰ることにした。

なんとなく、その万札を身近に置いておいたらいけない気がした。

近くにATMがあったので、太田さんはその万札をすぐに自分の口座に入金した。

ちゃんと一万円札として認識された。


「三日前くらいに、彼女と近所の喫茶店に行った時、あの時弾いたフォークソングが流れてきて、そのサングラスの人をふっと思い出したんですけどね」

その日の夜中。自室で一人で寝ていた太田さんは、暗い部屋の中で誰かが鼻をグズグズ鳴らす音で目を覚ましたという。

ヒト怖イ話

ダガシヤ

システムエンジニアの正和さんは、十五日連続出勤を終えた夜、ようやく翌日に丸一日の休みを上司にもらって帰路に就いた。

終電に乗り、家の最寄り駅に着くと、深夜の十二時半を過ぎていた。

蒸し暑い夜で、人通りはほとんどない。

八月半ば。小学生の時は、蝉取りとかして遊んでたのになあ。

霧がかかったようにぼんやりした頭で、そんなことを考えた。祖父母の家の縁側で冷えたスイカを食べた時の感触がよみがえって、無性に腹が減ってきた。

車道を通らないように注意しながら、街灯が照らす遊歩道を、疲れた身体を引きずるように歩く。

戸建て住宅が並んでいる場所で、ひときわ明るい建物を見つけた。

古びた和風の木造建築に、「ダガシヤ」という横長の看板が掲げられている。

街灯に照らされているわけでもないのに、周りと比べてひときわ明るい。店内も白い照明で輝いているように見えた。

こんな時間に、おかしいな。

そう思いながらも、「ダガシヤ」の方にふらふらと引き寄せられていった。

スルメの酢漬けやコーンスープ味のスナック菓子の味が口の中によみがえってきて、腹がぐうっとなった。

正和さんが店の出入り口に立つと、木枠のレトロなガラス戸が自動ドアのように勝手に開いた。

「いらっしゃあい」

しわがれた老婆の声が聞こえた。

店の中は、あらゆる種類の駄菓子が、所狭しと並べられていた。

老婆の姿はどこを見渡しても見えない。

ヒビの入った窓に、わら半紙の張り紙があって、【開店につきご自由にどうぞ】と書かれていた。

勝手に食べていい、ってことかな。

正和さんは目についた駄菓子を手に取り、包装を破いて次々に口に入れていった。青と赤の小さな四角い飴餅を一気に口の中に入れた。コーンポタージュ味のスナックと麩菓子をラムネで胃に流し込む。きなこ棒と酢漬けイカを口に入るだけ入れた。

空腹が満たされた正和さんは、足元に、ガチャガチャと呼ばれる小型の自動販売機があるのに気が付いた。

懐かしい塩化ビニル樹脂製の緑色の人形が入っている。

ああ、欲しいなあ。二つくらい買って、部屋の本棚にでも置きたいなあ。

そう思いながらレバーをひねってみたが、固まったまま動かない。

さすがにこれはタダではできないんだな、と思いながら、財布を出して百円を投入して、レバーをひねった。

半分赤いプラスチックのカプセルが出てきた。

カプセルを開くと、人形ではなく、折りたたまれた紙切れが入っていた。

なんだこれ、とつぶやきながら、紙切れを開いてみた。

【やすみなさいよ】と癖のある筆文字で書かれていた。

え、なにこれ。

正和さんの右肩が、トトトン、と叩かれた。

「休みなさいよ、って言ってるの」

振り返ると、干からびたミイラのような老婆がいた。

真っ赤な目を飛び出さんばかりにギョロリと剥き、口は切り裂かれたように真横に開かれている。正和さんは悲鳴を上げて、どっと倒れこんでしまった。


眼を開けると、自宅マンションのベッドで寝ていた。

ちゃんとスーツから寝間着に着替えている。だが、自分の口からは、あの「ダガシヤ」で食べた酢漬けイカのにおいがした。

ひどい頭痛で右目の奥が突き刺されたように痛んだが、どうしても気になって、昼過ぎ、家の近所にあるはずの「ダガシヤ」を見に行くことにした。

そこには、木造の駄菓子屋ではなく、建設中の一軒家があった。

では、昨夜見たあのダガシヤは、何だったのか。

「あのミイラみたいなバアサンの声、思い出したんですけど、小学校の時によくしてくれた出目金バアサンに似てました」

小学四年生の時、友達と学校帰りにその駄菓子屋に買い食いしに行ったが、正和さんだけ財布を忘れて、何も買えなかった。

悪い友達にそそのかされて、十歳の正和さんは初めて万引きをした。

バレないように、盗んだ駄菓子をジーパンの尻ポケットに入れて、老婆のいる方には後ろ姿を向けないようにした。

友達と一緒に店を出ようとした時、後ろから老婆に声をかけられた。

「今回だけだからね」

振り返ると、眼がギョロリと大きな老婆の店主が、正和さんに向けて優しく微笑んでいたのを思い出した。

ヒト怖イ話

ピヨピヨサンダル

フリーランスのウェブデザイナーの竜一さんは、引っ越し先の自治会の草刈りに参加することになった。

竜一さんは生まれも育ちも東京だったが、結婚相手の女性の実家が保有していた田舎の町にある物件を安く借りられるとあって、思い切って引っ越したのだ。

家の庭からは雄大な山並みを眺めることができ、夜空を見上げれば星が見える。

竜一さんは東京にいた時には花粉症の季節になると、激しい目のかゆみや頭痛に悩んでいたが、引っ越し先で過ごした春には、花粉症にあまり悩まされることはなかった。

都会の排気ガスが花粉症を悪化させる、という説はほんとだったんだな、と竜一さんは思った。

自然が豊かで、のどかなこの町を、竜一さんは気に入っていた。

都会での生活に疲れた若者がこの町に流れてきて住み着くこともあるみたい、と妻からも聞いていた。ただ一つ、田舎の町ならではの密接なつながりが、あまり竜一さんの性に合わなかった。

自治会が割り振ってくる作業は、近くに住んでいた妻の親族が引き受けてくれたが、近所総出でとりかかる秋の草刈りには参加せざるを得なかった。

その日は、まだ夏の蒸し暑さが残っていた。

軍手をはめて、ジーパンのポケットに透明なビニール袋をいくつか詰めて、妻とともに家を出た。

町役場の前の広場で、部会長という肩書の背の低い白髪の老人が、草刈りのスケジュールと、各班の担当地域を発表した。

竜一さんは妻とともに、ある遊歩道の周りの草を取ることになった。

作業の途中、ツツジの茂みの陰に、青い何かが落ちているのを見つけた。

ピヨピヨサンダルだ。人気漫画のキャラクターがプリントされている。爪先部分が少しへこんで、黒ずんでいた。

「近所の子供のかなあ」

竜一さんがそのサンダルを拾おうとしたら、隣にいた妻が慌てた。

「ああそれ、触ったらダメ。そのまま置いておいてあげて」

「え、どういうこと。落とし物だし、こんなに見つけにくい所に落ちちゃってるんだから、近くの交番とかに届けた方がいいんじゃないの？」

「違うのよ。S美さんが置いてるの」


妻によれば、S美さんという女性の幼い息子が五年ほど前に行方不明になったらしい。ちょうど、夏の暑さがまだ残っている頃だったという。

その子は、この遊歩道の近くで目撃されたのを最後に、消息が途絶えていた。ピヨピヨサンダルの片方だけが、ツツジの茂みの陰に置き去りにされていた。

それ以降、S美さんは、真夜中に街灯のない遊歩道の周りを歩き回ったり、自分の子と同年代の近所の子供の手を無理やり引っ張って自分の子の名前で呼んだり、異常な行動を見せるようになった。

やがてS美さんは夫と別れて、この町を離れ、隣県にある実家に戻ったという。

だが、季節が秋めいてきて、ちょうど草刈りをする頃になると、S美さんはこの町に戻ってくる。

「あの子ったら、片方忘れちゃって」などとぶつぶつ言いながら、ピヨピヨサンダルの「もう片方」を置いていくのだ。それを置いておけば、自分の子供が戻ってくる、と思い込んでいるらしい。

去年、事情をよく知らない新規転入者の女性が、ピヨピヨサンダルを拾い上げると、突然、S美さんが駆け寄ってきたという。

彼女は「あの子の取らないでよ、あんたなの、あんたがさらったの」などと叫んでその女性を突き飛ばし、周りの人の制止を振り切って、サンダルを奪い去っていったらしい。

「あなた、この街を気に入ってくれてるし、厭なことは内緒にしておこうと思って、言わなかったんだけど」

妻は申し訳なさそうに言った。

ピイ。

落ちているピヨピヨサンダルが鳴ったように聞こえた。妻の顔を見ると、彼女も青白い顔をしている。

ふと竜一さんは、視線を感じて振り返った。

町役場の二階の北端の窓辺に、眼の血走った黒いロングヘアの女がへばりついて、竜一さんの方を見ていた。

「あれ、見てよ、俺たちを見てる」

竜一さんは妻に言ったが、妻は不思議そうな顔をしていた。

もう一度見てみると、その窓辺にはもう誰もいなかった。

サンダルにさえ触らなければ、別に何もしてこないから、かわいそうな人なのよ、と妻は言う。

だが竜一さんはその後も二度ほど、物陰からこちらに視線をじっと注いでくる黒いロングヘアの女を見かけたという。

ヒト怖イ話

アリが入る

和信さんはあるベンチャー企業の幹部で、高級タワーマンションで暮らしている。

ある夜、アリが口の中に入っていたことに気付いて、和信さんは飛び起きた。

「昔のことを思い出したんですよ。もう、逃げられないんだな、と諦めました」

和信さんは十歳の頃まで、建付けの悪い木造アパートの部屋で、母親と一緒に暮らしていた。酒乱の父親から逃げて隠れていたという。

その部屋は時々、窓枠の隙間や壁の穴から、アリが入ってくることがあった。なので、母は砂糖の入った容器を冷蔵庫にしまっていた。

和信さんが九歳だった年の、八月初めの昼間。

アパートの共同便所から共用廊下を歩いて自分の部屋に戻ってくる時、二つ隣の部屋のドアが少し開いていることに気付いた。

サウナのように蒸し暑い室内から、生ゴミが腐ったようなにおいが漂ってきていた。覗き見てみると、コンビニの袋が散らかっている部屋の中で、住人の太った男がだらしなく口を開けて倒れていた。

廊下の窓からその部屋の床に、黒い線がその部屋の中に走っているのが見えた。クロアリの隊列だった。列を目でたどると、床から太った男の禿げた頭をたどって、口の中に入っていく。

和信さんは急いで部屋に戻って、異変を母親に知らせた。

太った男は熱中症で倒れて、病院に運ばれたが、戻ってこなかった。

それから、和信さんは夜中に起きるようになった。

気づくと、口の中が甘い。いがいがした感触もあった。口の中に指を突っ込むと、指先がちくりと痛んだ。

オレンジ色の豆電球の明かりで見てみると、指先にクロアリが二匹這っていて、小さい顎で指の皮膚を掴もうとしていた。

起き上がって、口の中のものを吐き出すと、唾液にまみれたたくさんのクロアリが床でのたくっていた。

うわ、と声を上げると、母親が目を覚まして、またアリが入ってきたのねと言った。口の中が甘いんだ、と和信さんが言うと、夜中に砂糖なんか食べたら虫歯になるよ、と怒られた。僕は食べてないよ、と言っても、母は笑うだけだった。


その一年後、母親が経済的に余裕のある男と再婚したことで、ましな部屋に引っ越すことになった。

だが、それからも時々、夜中に和信さんは目を覚まして、甘ったるい口の中にアリが入っていることに気付くという。

隙間からアリが入ってくるような部屋ではない。

「たぶん、どれだけ稼いで引っ越しても、あのアパートのアリからは逃れられないんだな、って諦めました」

和信さんは悲しそうに笑う。

動画自動再生

大学生だった加奈さんは、七か月ぶりに男性とデートをした。

前の彼氏は、自分から浮気をしたくせに、加奈さんが別れを告げた後もＳＮＳのアカウントで連絡を取ろうとしてきたが、加奈さんは全て無視していた。

今回デートをした相手は、加奈さんとしてはできれば付き合いたかったが、まだ交際に至るほどの関係でもなかった。

前の彼氏と別れてから加奈さんは、布団に入った後でもいろいろな心配事について考えてしまい、寝つきが悪かった。

その夜、スマホを手に取って、YouTube の人気男性コンビ芸人のチャンネルを開いてみた。寝る前にスマホを触るとますます眠れなくなってしまうという話は聞いていたが、心配事から意識をそらすためにはしょうがない。

好きな芸人二人のやりとりを聞いているうちに、リラックスしてきて、いつの間にか寝落ちしてしまった。

これはいいなと思い、次の日からは寝る前にその芸人のチャンネルを開いて、自動再生モードで視聴することにした。これは、動画が一本終わってしまっても、同じチャンネルの別の動画が再生されるような設定だ。

動画のおかげで、ベッドに入ると、すんなり眠ることができるようになった。

およそ一週間後。

午前一時過ぎ、寝入りばなでうとうとしていた時、耳から聞きなれた厭《いや》な声が入ってきて、思わず飛び起きた。

スマホの画面を見ると、別れた前の彼の歪んだ笑みが動いている。

どうやら彼は自分でYouTubeチャンネルを立ち上げたらしい。

マイクの性能が悪いのか、彼の声がぶつ切りで聞こえてきた。

動画のタイトルは、【くそビッ〇を怖がらせてみた　前編】だった。

動画が配信されたのは、二時間ほど前。再生数は二回だった。

こんな動画、登録した覚えはない。自動再生モードにしてたとはいえ、こんな動画にたどり着くとは思えなかった。再生している動画から別の動画に移るときは、関連性の高い動画が再生されるはずだ。

たまたま元彼の動画が再生されたのか。いや、違う気がする。

加奈さんは再生履歴を見てみた。元彼の動画が突然再生される前は、好きな芸人のチャンネルの動画が続いていた。

……乗っ取られた？

元彼が私のアカウントにログインして、私の再生先を勝手に自分の動画にしたのか。私が寝落ちするときにYouTubeを開いていることも知っているのか。

寒気を覚えながら、加奈さんは元彼の動画の中身を飛ばし飛ばし観てみることにした。彼の声を耳元で聞くのは嫌なのでイヤフォンは外した。

動画の冒頭、彼は暗い夜道で自撮りをしながら歩いている。その笑顔は、仮面を張り付けたように歪んでいて、不自然だった。

動画の途中で、加奈さんが見覚えのある道が映る。

これ、どこだったっけな。

さらに少し飛ばすと、元彼は暗い部屋に入っていく。ペンライトを口にくわえていた。

部屋の中には白い棚が映り、その横に大きめのテディベアが置かれている。

まさか、私の部屋に——。

喉にたまったつばを飲み込み、スマホの画面を見つめる。

元彼は部屋の中を進むと置かれたベッドに近づいた。ペンライトの光がそこで寝ている人間の顔を照らす。

眠っているのは加奈さんだった。

なに、これ。

思わずつぶやいた直後、部屋の玄関ドアが、トントンと叩かれた。

元彼か！　咄嗟に思った加奈さんはスマホを手にしたまま、玄関ドアへと近づき外の様子をうかがった。

「今、後編撮ってるから、邪魔しないでくれよお」

ドアの向こうで、あっけらかんとした元彼の声がした。

「ふざけないで。警察呼ぶからね！」

加奈さんは声を荒らげた。

ドアの向こうで彼は黙っている。足音は聞こえないので、おそらくドアの前でじっとしているのだろう。

「もしもし、○○交番ですか、不審な男に襲われそうです、助けてください」

加奈さんはマンションの近くにある交番の名前を口にした。さすがに元彼はビビッて立ち去るだろうと思った。

「むだだよ」

元彼の声が、部屋の中から聞こえた。ベッドの方からだ。

えっ？　と振り向くと、人影がベッドの上に正座している。その顔が膝に置かれた液晶の光でぼんやりと浮き出ている。

思いもかけないことに加奈さんは固まってしまった。

元彼は、震える両手で何かを掴むと、自分の首の前まで上げて、茶色く細い縄のようなものを巻き付けるような仕草をしている。

「なんで――」

さっきまで部屋の外にいたのに、そう言いかけた瞬間、元彼がとびかかってきたのと同時に眼の前が真っ暗になった。

眼を開けると、ベッドの上に寝ていた。飛び起きて部屋の様子を確認するが、変わったことはない。床に放り出されていたスマホを手に取って、【くそビッ○を怖がらせてみた】のタイトルで検索してみたが、元彼の動画どころか、チャンネルすらなかった。

加奈さんは元彼のツイッターページを開いてみた。

元彼の最後の投稿は二週間前で、その投稿にはリプが連なっていた。

その一番上には、「今までありがとう、忘れないよ」という、友人らしきアカウントからの書き込みが、三日前に書き込まれていた。他の書き込みも、「忘れないよ」「早すぎるよ」「R.I.P」などの文言が並んでいた。

元彼は、三日以上前に亡くなっていた。首を吊っての自死だったという。

掛け布団の上に、見覚えのない茶色い繊維が散らかっていた。

喫煙所にて

木村さんはその日、夜遅くまで仕事をしていた。

最寄り駅を降りたところで、無性にタバコが吸いたくなった。

およそ二か月半、禁煙が続いていた。だが、もう限界だった。

帰宅してからだと、マンションのベランダに出て吸うにしても、妊活に熱心な奥さんに怒られてしまう。

そう思いながら、駅前広場の端にある喫煙コーナーに急いだ。バス停を照らすための街灯が、銀色の灰皿スタンドをきらきらと照らしていた。

午後十一時半を過ぎていた。駅から出てくる人が何人か遠ざかっていくが、喫煙コーナーには誰も近づいて来ない。

通勤カバンの奥にしまい込んでいたタバコの青い箱を取り出した。奥さんには捨てたと嘘をついていた箱だった。

半分ほどに減った箱の中から、一本掴んで出す。

久しぶりに吸った煙は苦かったが、次第に体になじんでいく感覚があった。

「すみません」

横から声をかけられ、木村さんはぎょっとした。

いつの間にか、喫煙所に女がいた。灰色のパンツスーツと白いシャツ。明るく染めた髪。若くてきれいな女だった。

「タバコ一本くれませんか」と彼女が微笑んできた。

喫煙所にもまだこういう出会いがあるのか、と木村さんは少しうれしくなった。

木村さんはタバコの箱を差し出した。浮ついた気持ちが顔に出ないように気を付けた。

「はい、どうぞ」

若い女は、ピンクのマニキュアが塗られた指を伸ばして、タバコを一本取って、小さく会釈した。

ライターを差し出してやると、ありがとうございます、と若い女はきれいな声で言った。木村さんの浮気心がうずいた。

「また、ここに来てくださいね」

若い女はかわいい声でそう言うと、木村さんに微笑みかけた。

意外に積極的な子だな、と思いながら木村さんがうなずくと、女は体を大げさにそらしながら、タバコの煙を胸いっぱいに吸い込んだ。

女は小鳥のように唇を尖らせた。タバコの煙がもくもくと出てきて夜空に消えていく。


グアアアアアア……。


女の口から、鶏が絞め殺される時のような声が漏れた。

女の顔色は見る見るうちに黒くなり、パンツスーツもろとも夜の影に溶けていく。

木村さんは握りしめていたタバコの箱を投げ捨て、逃げ出した。

中身が半分に減ったはずの箱の中に、なぜかタバコがパンパンに詰まっていたからだ。

それ以来、木村さんはタバコを吸っていない。

ヒト怖イ話

ベビーカーの女

昌代さんは小学三年生の時、田んぼの広がる田舎町に引っ越してきた。

都会から引っ越してきた昌代さんに、同じクラスの何人かの女子が、お洋服おしゃれだね、ヘアゴムかわいいね、どこで買ったの、などと興味を持ってくれた。

だが、クラスの中で発言権の強いT子という女子が、なぜか昌代さんに意地悪な目を向けてきていた。

T子は、担任が見ている前では、彼女は他の女子にするように、優しそうな顔を向けてくる。だが、そうでない時は、すれちがいざまに「調子に乗らないでよね」などと言ってくるのだった。

ある日、担任の先生が、不気味な絵が描いてある保護者向けのプリントを配った。黒く塗りつぶされた、髪の長い腕の細い女の絵だった。

「最近この町で、夕方頃、おかしなことを言って子供に近づいてくる女の人が目撃されています。一人で帰ることはせず、お友達と一緒に帰るようにしましょう」

若い女性の担任はみんなの顔を見渡しながら言った。

下校時、家の近いクラスメイト同士が班になって、一緒に帰ることになった。

昌代さんは、意地悪なT子と一緒の班になってしまった。

帰り道、昌代さんは、T子からニコニコした顔で話しかけられた。

「ねえねえ、あのお花きれいだよ」

T子はそう言って手をつないできた。そのまま昌代さんは同じ班の人から少し外れたところに連れていかれた。

仲良くなってくれるのかな、と昌代さんはうれしかった。

だが、突然T子に突き飛ばされ、アスファルトの道路で尻もちをついてしまった。

「うわ、あそこの電信柱の陰に、変な女の人がいる、みんな、逃げよう」

T子が慌てた様子で言うと、同じ班の生徒たちとともに「きゃあきゃあ」言いながら走っていってしまった。

T子のいじわるで、一人きりで置いていかれてしまったのだ。昌代さんは、しばらく呆然としたまま空をゆっくり流れていく白い雲をしばらく見ていた。

カラカラカラカラ……。後ろから、聞きなれない音が聞こえてきた。

振り返ると、ベビーカーが近づいてくるのが見えた。

黒いワンピースを着て黒いサンバイザーを着けた全身黒ずくめの細身の女が、ベビーカーを押していた。車輪がカラカラと妙な音を立てている。

ベビーカーは日よけ用の黒い幌で覆われていて、中身は見えない。か細い赤ん坊の泣き声が聞こえていた。

ふぎゃあ、ふぎゃ、ふう、ふぎゃあ、ふぎゃあ、ふぎゃ、ふう、ふぎゃあ……。

女の細い腕を見ながら、昌代さんは保護者プリントに書かれていた不気味な絵を思い出した。

ベビーカーがゆっくりと近づいてきたが、昌代さんは、アスファルトに座り込んだまま動けずにいた。そんな昌代さんのすぐ横で、ベビーカーが止まる。

「うちの赤ちゃん、見てあげて、とってもかわいいのよ」

黒いサンバイザーの下から、真っ赤に塗られた女の唇が見えた。

「赤ちゃん、見てくれないの？」

女の声が低くなった。恐怖から昌代さんは力を振り絞って立ち上がった。

やがて、女はベビーカーの黒い幌を乱暴にめくる。

銀色の大きなラジカセと、それを抱えている白い腕が見えた。赤ちゃんの泣き声は、ラジカセから聞こえている。そのラジカセを背中を丸めて抱える子供がいる。無理やりベビーカーに押し込められているように見えた。

子供の顔をよく見ると、ガムテープを口の周りにぐるぐるに巻かれたT子だった。

眼を真っ赤にして、涙を流している。

え、どうして。T子は、いの一番に逃げていったはずなのに。

「あなた、この子、知り合いなの？」

女が昌代さんに訊いてきた。

T子が、泣きはらした眼で何かを訴えかけてくる。

し、知りません、と昌代さんは答えた。

すると女は、キャハ、と短く笑い、ベビーカーをぐるんと反対側に向けて、すごい勢いで押しながら、走り去っていった。

その夜。昌代さんの家に、学校の連絡網を伝って電話がかかってきた。

T子ちゃんが行方不明になったみたいなんだけど、何か知っている子はいないか。

そういう電話だった。一緒に帰った班の他の子たちによれば、T子ちゃんは突然駆け出して、みんなと離れてしまったらしかった。

じゃあ、どうしてT子ちゃんは、後ろから来たベビーカーに乗せられてたんだろう、と昌代さんは不思議に思った。

母親から「何か知ってるの」と訊かれたが、知らないと昌代さんは慌てて首を振った。

「その時、あの不気味な女が、意地悪なT子を連れ去ってくれてよかったって思っちゃったんですよ。自分の中にこんな汚い気持ちがあるなんて、って驚きました」

昌代さんは苦笑いを浮かべる。

T子は、戻ってこなかったという。

ヒト怖イ話

夜のジムにて

啓介さんはその日、夜遅くまで仕事をした後、駅の近くのジムに向かった。

二十四時間、開いているジムだった。

ジムの前についた頃には、午前一時近くだった。

ガラス張りのジムは、商業用ビルの二階の窓際に入っていて、室内は明るく照らされている。誰もいないようだ。

貸し切りだぜ、ラッキー、と啓介さんは思った。

ジムに出入り口には会員専用のカード認証システムがあり、監視カメラがついている。

受付には、ジムのスタッフはいなかった。

あれ、二十四時間スタッフ常駐って広告にはあったのになあ。まあいいか。

啓介さんは一番手前にあったルームランナーに乗った。

その日は一日中、ほとんど座り仕事をしていた。ここで気が済むまで走ってやろう、と思ったのである。

操作パネルで速度を調整していた時。

酒焼けした老人の声が外から聞こえた。

「ごくろうさん」

ビルの前を誰かが通りがかったのかな、と思って、窓から外を見た。

だが、人影はなかった。

気のせいか、と思い直して、啓介さんはハンドルを握って、ベルトを作動させ、軽快に走り始めた。

真正面にある居酒屋の看板をまっすぐ見ながら、姿勢を正して、脚を動かし続ける。

息が上がってきた。ハアハアという自分の声と、ベルト部分が動く音、ベルトをスニーカーで踏む音。

それ以外の、何かの音が聞こえてきた。

ジムの中ではエアコンは動いていない。換気口の音でもない。ビルの廊下にある自販機の音かな、と啓介さんは思った。耳につく奇妙な音だ。

五分ほど走った時、どうにも気になった啓介さんは、操作パネルに触れて、ベルトの動作を終了した。

ベルトの外側のサイドレールに両足を置いて、ベルトが止まるのを待つ。

すべての音が止んだ中、ひそひそと何かをささやくが聞こえた。

目の前のガラス窓には、ジムの室内が映っていた。

ルームランナーが並んでいる。その後方、北側の壁に、ラットプルダウンと呼ばれる、上に付けられたバーを両手で握って胸に引き寄せて鍛える器具があった。

その器具用の椅子に、浴衣を着た小柄な人影がこちらを向いて正座しているのが、ガラス窓に映りこんでいた。

啓介さんはぎょっとして、おそるおそる後ろを向いた。

ラットプルダウンの椅子には、誰も座っていなかった。

「おわったのかい？」

酒焼けした声が、啓介さんがいるルームランナーの下から聞こえた。

見ると、右足を乗せていたサイドレールの裏から、白くて皺だらけの指が二本、尺取虫のような動きで出てきた。

うわ、っと声をあげて飛び退くと、シャワーも使わず急いで着替えて啓介さんはジムを出た。

家に帰った啓介さんは、ふと気づいた。

「あの白い指、小さい頃に祖父の家で会ったひいおばあちゃんの指に似てた気がしたんですよね」

だが、なぜあんなものがあの時ジムに現れたのか、またなぜひいおばあちゃんの指だと思ったのか、いまだにわからないという。

ヒト怖イ話

かわいい動画

勝彦さんは大学生の時、前から気になっていたM美という女性を学生食堂で見かけた。フランス語のクラスが一緒で、授業前に何度か話したことのある子だった。髪がサラサラで、かわいい系のアニメ声優のような声をしていた。

M美はテーブルに両肘を乗せて、スマホの画面に夢中になっていたが、途中でコーヒーカップを持ち上げて、顔を上げた時に、勝彦さんに気付いた。

M美は明るい笑顔で手を振ってくれた。

勝彦さんはうなずいて、M美に近づき、隣に座って話しかけた。

その日に受ける授業の予定についての話がひと段落した時。

「ねえこの動画めっちゃかわいいいんだよ」とM美はスマホの画面を見せてきた。

一般人がアップロードした短い動画を見て楽しむアプリが起動されていた。

「へえ、そうなんだ」

勝彦さんはスマホの画面に顔を近づけた。M美の髪の香りが濃くなった。

画面には、狭い路地裏が映っている。

灰色の壁に挟まれて、エアコンの室外機がいくつか壁際に置かれていた。青いポリバケツが横倒しになり、茶色っぽい生ゴミやくしゃくしゃのコンビニ袋が飛び出ている。路地の向こうは明るい。昼間に撮影したようだ。

どこかの飲食街の路地裏かな、と勝彦さんは思った。

室外機の上や横に、ハトがいた。灰色の濃いハトや真っ白なハトがいて、じっとしていたり、地面をついばんだりしている。

勝彦さんにとっては、めっちゃかわいい、というほどの映像には見えなかった。

こういうのが好きな、ちょっと変わった子なのかな、と思った。

「このハトがかわいいってこと？」

「え、ハトってなに。かわいい女の子二人の双子ダンスじゃん」

女の子なんて、この動画の中にいるのか。

そっか、かわいかったね、もう一回再生してみせて、と勝彦さんはM美に頼んで、画面の隅々までよく見てみた。

やはり、かわいい女の子など映っていない。

画面の上方、路地裏の奥の方に、紺色のジャケットが落ちている。そこにもハトが三羽ほどいて、ちょこちょこ移動しながら地面をつついていた。

ハトがもう一羽飛んできて、元々いた三匹が短く飛び上がって、すぐに着地した。

紺色のジャケットが落ちているんじゃない、ジャケットを着た男が倒れているんだ、と勝彦さんは気が付いた。

四羽のハトは、倒れた男の手や顔の近くをついばんでいる。

ハトたちが一斉に画面の方を向いた。ハトの顔は、血で汚れているように見えた。

「うわ、キモ」

勝彦さんは思わず言ってしまった。

「は？　どういう目してんの？」

M美は怒って、テーブルを立ってどこかに行ってしまった。

その後、M美はフランス語のクラスで出会っても、勝彦さんを無視し続けた。

やがてM美は、大学に来なくなってしまった。

M美の友達だった女性によれば、M美は親に高い家賃を支払ってもらっているマンションのベランダで、たくさんのハトに餌をやっていた。

だが、マンションの住民たちからクレームを受けてしまったという。

その後M美は、ベランダにやってきていたハトを大きな虫取り網で捕まえて、金槌で撲殺するところを動画で撮っていた。

「かわいいでしょ」とM美は明るい笑顔で言いながら、その動画を女友達に見せてきたという。

水漏れ信号

その日、大学でドイツ文学を専攻していた悟さんは、卒業論文で煮詰まっていると嘆くK君の部屋に缶ビールを持って訪ねた。

K君は二階建ての木造アパートの四畳半の部屋に住んでいた。

論文のメインテーマがどうしても固まらず、どんな結論にすればいいのか見えてこないという。

「肩の力を抜いて、自分が研究してきたことを素直に書けばいいんじゃねえの」

悟さんはK君にそうアドバイスした。

K君の部屋の本棚には、オカルトの歴史についての本が並んでいた。

缶ビールを飲みながら話している途中で、K君は何かを閃いたようで、ノートパソコンを開いて書き込みはじめた。

後ろから、悟さんはK君の背中越しにパソコンの画面を覗き見てみた。目次を見ると、ナチズムとオカルティズムの関連について、論文を書くつもりのようだった。

ぼっ、ぼと、ぼっ……。

キッチンの方から、水が流し台を叩く音が聞こえた。

K君はキーボードを打つ手をピタリと止めた。

「うわ、また来やがった」

K君は顔をこわばらせながら言った。

「やっぱりそうだ。論文を書こうとすると、奴らが水道を使って邪魔しやがるんだよ」

水道？　水滴の音のことを言っているのか。悟さんはいぶかった。

「はあ、何言ってんだよ？　やっぱりお前、ちょっと疲れてんだよ。オカルトは調べて楽しむものであって、染まるものじゃないって、前から言ってたじゃねえか」

「駄目だ、ちょっと逃げるわ」

K君は悟さんを置いて、そそくさと部屋を出て行ってしまった。

ぼっ、ぼっ、ぼと、ぼっ……。

蛇口から漏れてくる水滴の音が部屋に響く。

Ｋ君のパソコンの画面を改めて見ようとした途端、ふっと画面がスリープ状態になり、黒い画面に悟さんの顔が映った。

その後ろに見える部屋の本棚の陰に、不自然な白い斜めの線が見えた気がした。

悟さんは気味が悪くなって、Ｋ君の部屋を出た。

Ｋ君は、木造アパートのブロック塀の前でうろうろしていた。

飯でも食おう、と悟さんは近くのファミレスにＫ君を誘ったが、Ｋ君はそれどころではないとばかりに断った。

「お前にも聞こえただろ、水滴の音」

「ああ、でもあれは蛇口の調子が悪かっただけだろ。そんな怖がることじゃねえよ」

「お前には、何のことはない水滴の音に聞こえただろ。でも、俺にはわかるんだ。ツー、ツー、ト、ト、ツーで、モールス信号の【ひ】なんだよ。そんで次は、ト、ト、ツー、ト、ト、ト、で、【と】なんだよ」

Ｋ君によれば、十九世紀の後半にロンドンで死んだジェイムズという神秘家が、Ｋ君が隠していた過去の罪を告発して、研究をやめろ、と伝えてきているという。

水滴による信号で示されている言葉は「ひ　と　こ　ろ　し」だという。

「人殺しって、お前そんなことしてないだろ」

「いや」と言って、K君はブロック塀に寄りかかったまま、うつむいて固まってしまった。悟さんはK君の気分を解きほぐそうと言葉を尽くしたが、何の反応も得られず、その場で彼と別れた。

結局、K君は卒業論文を書き上げることなく、大学を中退して実家に帰ってしまい、大学の友人との連絡も途絶えた。


最近、悟さんの部屋のキッチンでも、夜中に断続的な水漏れの音がする。

もしかしたらK君からのメッセージかもしれない、と思うこともある。

だが、K君からの厭な信号だとしたら、という恐れがあって、モールス信号の変換表を確かめる誘惑と戦っているという。

ヒト怖イ話

右にいる人

およそ十年前、会社勤めを始めたばかりだった彩香さんは、姉と姪っ子の住むマンションに遊びに行った。

彼氏に浮気されて、激しく罵り合った後に別れを決意し、気持ちが沈んでいた時だった。あんたが好きなチョコケーキを作ったから、食べに来たらどう、と姉が誘ってくれたのだった。

一年ぶりに再会した姪っ子は四歳になり、前よりもだいぶ大きくなっていた。

姉の作ってくれたケーキを堪能しながら、リビングのテレビの前にいる姪には聞こえないように、彩香さんは声を落として元彼の悪口を言った。姪は少し離れたところで、ミニチュアの家を使って人形遊びをしていた。

姉は冗談めかした口調ながらも、彩香さんの感情に寄り添ってくれた。

話しているうちに、胸のつかえが少しずつ消えていった。

姉との話を終えた頃、姪が駆け寄ってきた。

「あやちゃん一緒にお人形遊びをしよう」

姪に手を引かれるままに、彩香さんはリビングに歩いて行った。

あやちゃんはこっちね、と言われて、姪の左に座る。

まずはあたしがおてほんをやるね、と言って、姪は人形遊びを始めた。

ミニチュアの家で、様々な色の服を着せられたウサギの人形たちを気まぐれに掴みながら、幼い子らしい、たどたどしく、時に意味の通らない会話劇を自分で作って遊んでいた。

姉はキッチンでケーキの皿やフォークを洗っている。

「ほんとは、きみがいけないんだよ。ほかのひとに、いろめをつかったから」

姪は青い色の服を着たウサギを持ち上げながら、少し低めの声音で言った。子供らしからぬ言葉を使って遊ぶこともあるんだなあ、と彩香さんは思った。

「だからって、あなたのはるーるいはんでしょ」

今度はピンクの服のウサギを持ち上げて言う。

彩香さんは戸惑った。まさか。いや、そんなはずはない。

「それは、ほんとうにすまなかった。やりなおせないか、あーや」

彩香さんは、青い服のウサギを握っている姪の手首をとっさに掴んだ。

姪は驚いたような顔で彩香さんを見る。

どうして、と彩香さんは戸惑っていた。

四歳の姪の口から出た言葉が、浮気した元彼のものとそっくりだったからだ。

あーや、とあを伸ばしていうのも、彼の特徴的な呼び方だった。

いや、考えすぎかもしれない。恋愛ドラマで何度も見たようなやりとりでもある。

「ねえ、そういうやり取りって、テレビのドラマで聞いたことがあるのかな」

彩香さんは姪を怖がらせないように、何とか笑顔を作りながら訊いた。

姪はゆっくりと首を振った。

だったら、私と姉との話の内容が実は聞こえていて、それを反映したのかな、と彩香さんは思った。

「あたしの右にいる人が、言ってるんだよ」

「右にいる人……？　誰もいないじゃない」

「ううん、いるの、鼻の真ん中にホクロがある男の人。眼が細くって、くちびるは太い」

彩香さんは息を呑んだ。それらの特徴は、元彼の顔に当てはまるものだった。

姉が私の元彼のことを姪に話してしまったのか。

一瞬そう疑ったが、元彼の写真を姉に見せたことは一度もないし、顔の特徴を言ったこともない。

それなのに、顔の特徴を姪は言い当てた。

姪には、彼の霊か何かが見えてるってことなのか。

彩香さんは急に心配になって、消しそびれていた元彼の携帯番号に電話をかけてみた。

十回ほどのコール音の後、「なんですか」という元彼の不機嫌そうな声が返ってきた。

彩香さんはすぐに電話を切った。

なんだ、生きてたのか。安堵するとともに、元彼への憎しみがよみがえった。

とすると、私への未練のあまりに生き霊が生み出されて、私のそばにやってきて、姪と交流したのか。

苦々しい顔をしている彩香さんのところに、姉が心配そうな顔で近づいてきた。

「あらら、ごめんね、この子、時々不思議なこと言ったりするから」

と姉は苦笑いを浮かべた。

それから、姪の言動は幼い子らしい可愛らしいものになった。

その後、彩香さんの元に元彼からの復縁を懇願するメッセージが何度か届いたが、彩香さんは一切無視した。


十年後。職場の同僚と結婚した彩香さんは、久しぶりに姉と姪の住むマンションに遊びに行った。

中学生になった姪の恋愛相談に姉と一緒に乗りながら、彩香さんは姉の手作りチョコケーキを味わった。

「そういえば、あなたはへんなものが見えたり聞こえたりするって言ってたのよ」

姉がそう言うと、そんな昔のこと言わないでよ、と姪は恥ずかしがっていた。

「十年前に一緒にお人形遊びをした時のこと、覚えてる?」

彩香さんが聞くと、姪は首を振った。やっぱりあれは、ただの偶然の一致だったんだろうな、と彩香さんは思った。

姉のマンションを出る時、姪も玄関まで見送りに来てくれた。

別れ際、姪は「本当は覚えていたんだけどね――」と言いながら、彩香さんに耳打ちをした。

「あの時、私の右にいた男の人、ずっと彩香お姉ちゃんのことを凄い目つきで睨んでるよ。お祓い受けた方がいいかも。十年前は、優しい目をしてたのに」

それを聞いて彩香さんはぞっとした。

十年前に別れた元彼が、最近奥さんと別れてしまってから、消息を絶っていることを思い出したのだった。

ヒト怖イ話

なすりつけ

バンド活動をしながらコンビニでのバイトで生計を立てていたワタルさんは、ある日、バイト先で知り合ったL子という女子の部屋に招かれた。

L子は髪を金色に近い明るい茶色に染めた二十歳くらいのかわいい子で、ゴスロリファッションを好んでいた。

ワタルさんが渡したバンドのＣＤの曲を気に入ってくれて、毎日聞いているよとL子は言っていた。

ある日の夕暮れ時、元彼が部屋に置いていったオーディオ周りの配線がわからないので見てほしい、とL子はワタルさんに電話で頼んできた。

配線を直した後に何かがあるかもしれない、と下心を抱きながら、夜、ワタルさんはL子の部屋を訪ねた。

築浅のアパートの二階にある、花柄の壁紙がかわいい、1LDKの清潔な部屋だった。

窓際には、黒く分厚いカーテンがかけられていた。

「あのパソコンの裏なんだけど」

L子は部屋の北側の壁を指さした。

白いデスクの上の中央にパソコンがあり、その左右にスピーカーが乗っている。掃除の行き届いたフローリングの床にはデジタルアンプも置かれていた。

「オッケー、ちょっと見てみるよ」

ワタルさんがスピーカーの裏を見ようとすると、L子もそっとついてきた。

スピーカーから伸びたコードを目でたどっていた時。

「ほんとにごめん！」

そう叫んだ彼女に、ワタルさんはいきなり突き飛ばされた。

床に体が叩きつけられた直後、部屋の電気が消されて、バタン、と部屋のドアが乱暴に閉まる。

分厚いカーテンのせいで、部屋は真っ暗になってしまった。

「おい、何すんだよ」

ワタルさんは叫んだが、返事はなかった。

ジーパンのポケットを探ってスマホを取り出そうとしたが、なかった。倒れた拍子に落ちてしまったのか。それとも、L子にいつの間にか奪われたのか。

壁を手探りでたどって、電気を点けようとするが点かない。部屋のドアの外枠に指先が触れたのでドアを開けようとしても開かなかった。ノブをひねって押したり引いたりしてみたが、駄目だった。ドアの向こうに何か重いものを置いているのか。

「なあ、開けてくれよ。怒ったりしないから。頼むよ」

ドアを叩きながらワタルさんは訴えたが、L子はそこにいるのかいないのか、何も言ってくれなかった。

トッ、トッ、トッ、トッ。

真っ暗な部屋の中、背後から、音が聞こえた。

フローリングを規則的に鳴らす音が、ワタルさんの方に少しずつ近づいてくる。

誰かが俺に向かって歩いているのか。L子が実は部屋に残っていて、俺を怖がらせようとしているのか。

「L子ちゃんなの?」

訊いた直後、暗い中で、ワタルさんの右頬に冷たいものが触れた。

L子の指先なのか。

冷たい感触は、頬骨から右斜めに上がっていって、眼の横を通り、右耳の縁にそっと触れてきた。

くすぐってえなあ、とワタルさんが思った直後、耳の穴にその感触がぐりぐりと乱暴に入ってきた。

鼓膜の奥が強く押されて、頭の中に激痛が走った直後、体から力がすっぽりと抜けて、暗闇の中で床にへたり込んでしまった。

突如、目の前でぱっと明るくなった。

ワタルさんは、コンビニのレジの前に立っていた。バイト用の制服を着ている。L子が横で微笑んでいた。

怪訝《けげん》に思いながら、ジーパンのポケットからスマホを取り出してみた。

夕方五時過ぎ。日付が一日たっている。

ほぼ一日分の記憶がすっぽりと抜けていた。

L子に、君の部屋のオーディオの配線はどうなったの、と訊いてみたが、

「え、それって、なんの話ですか。もし、そういう方面のお誘いなら、ごめんなさい、わたし彼氏がいるので」とL子に苦い顔をされてしまった。

その日を境に、L子はワタルさんに冷たく接するようになった。

「それ以降、僕の中では、特に変わったことは何も起きていないんですけどね。もしかしたら、何かをなすりつけられたかもしれません」

別のバンドでベースを担当している、自称霊感持ちの友人Sから、

「お前最近、女を雑に捨てたりしてないか?」

と心配された。

Sいわく、ワタルさんの顔の右に、時々、黒い舌を突き出した女の横顔が視えて、その舌の先はワタルさんの右耳に突っ込まれているという。

ヒト怖イ話

夜中の呼び出し

潤さんは高校二年生の夏休みに、幼馴染のMという少女からメールで夜中の公園に呼び出された。

「彼氏にフラれちゃった、昔いろいろ話し合ったあのブランコでこれから話を聞いてほしい」とメールには記されていた。既に午後十時を過ぎていた。

こんな時間に、と思ったが、それだけMの気持ちが切迫しているのだろうと思った。もしかしたら、最近すっかりきれいになったMと親密になれるチャンスかもしれない、とも思い、潤さんはほくそえんだ。

待ち合わせた公園は、子供の頃、夜中に行ったら変質者が出るから危ないよ、お化けも出るかもしれないよ、と母親から言われていた場所だ。だが、潤さんは既に父親の身長を超えていた。変質者が出たとしても、逆に追いかけて退治してやろう、という気分だった。

親にばれないように家を出て、公園に急ぐ。

街灯に照らされたブランコに座って、一人で漕いでいるMの姿が見えた。

Mは潤さんの姿に気付いて、笑顔で手を振ってくる。

潤さんは冷静さを装って、隣のブランコに座った。それからしばらく、うつむいたMが語る失恋話に相槌を挟みながらも、じっと聞いていた。

泣きながら、時に無理に笑顔を作りながらMは話していたが、ふと口をとめた。

夜中の公園に、誰かが入ってきたのだ。

黒いジャケットを着た、二十代とおぼしき二人の男だった。

白いシャツに、それぞれ真っ赤なネクタイと真っ青なネクタイを締めている。

男達はブランコの方をちらりと見たが、すぐに目をそらし、公園に植えられた大きな桜の木に向かって、横に並んで立った。

潤さんとMからは、二人の背中が見えていた。

二人は身振りを交えながら、時々互いの方を向いて、何かを喋っている。

右の青ネクタイの方が、赤ネクタイの頭をはたいた。赤ネクタイの方は怒る様子もなく、話を続けていた。

「あの二人、漫才の練習してるのかな。こんな夜中なのにね」

「ちょっと変だよな。まあ俺らも人のこと言えないけどな」

潤さんとMは、しばらくその二人の様子を見ていた。

横のブランコに座るMは、黒ジャケットの二人をじっと見ている。

くそ、せっかく二人きりでいい感じだったのに、あいつらのせいで雰囲気台無しじゃねえかよ。潤さんは少し恨めしく思った。

「あれ、赤ネクタイも殴ってる。あれもツッコミなの？」

見ると、赤ネクタイの方が、右手で拳骨を作って、青ネクタイの耳の上を強く殴っていた。青ネクタイの方は、赤ネクタイの方の首元を掴み、桜の幹に押し付けた。赤ネクタイは青ネクタイの顔に両手で爪を立てる。

漫才の練習をしていたはずの二人が、激しい喧嘩を始めていた。

「ねえ、潤君、止めてあげて」

潤さんの体格は大きかったが、喧嘩をしたことも、止めたこともなかった。

自分が介入しても、怪我を負ってしまうかもしれない。

かといって、Mが見ている中で、見捨てて逃げるわけにもいかない。

潤さんはブランコから降りて二、散歩進み出ると、「やめてください！」と二人に向かって叫んだ。

青ネクタイと赤ネクタイの動きがぴたりとやんだと同時に、恐る恐るという様子で振り向き、ブランコの方をうかがう。そして二人ともほぼ同時に腰を抜かしたようになった。

二人はこちらを指差している。よく見ると、Mのいる方を差しているようだ。

「なんだよ、あいつら」

潤さんは、隣のブランコを見てみた。

Mの姿はなかった。代わりに、真っ黒な、人とは思えぬほど細い影がブランコに座っている。

うわあ、と声を上げ、潤さんはブランコから離れた。

ジャケットの二人は驚いたような顔で、潤さんとブランコを交互に見ていた。

潤さんが改めて隣のブランコに目をやると、黒い人影は消えていて、椅子の部分には首のねじれたスズメの死骸が置かれていた。

これは、どういうことなんだ。

潤さんはスズメの死骸を見つめながら、しばらく茫然としていた。

「大丈夫でしたか？」

声に振り返ると、赤ネクタイの男が近くに来て、心配そうな顔で潤さんを見ていた。すぐ横で、青ネクタイが戸惑ったような顔で口を開く。

「俺たち、黒い影が二つ、ブランコに乗っているのが見えて、そんなはずない、気のせいだと思おうと。見なかったふりをしておこうと」

二人は、明日に有力な構成作家に漫才を見せねばならず、追い込みの稽古をしなくてはいけなかったのだ。

そして、稽古の中で赤ネクタイの方が何度もとちるので、青ネクタイの方が苛立って喧嘩になってしまった。そこで「やめてください」という声を聞いたので、一方の影は生きている人間だったのか、と二人とも驚いたのだという。

黒いジャケットの二人と別れて、潤さんは家に帰った。

携帯電話を開いてみると、Mから来ていたはずのメールが消えていた。

Mのことが心配になって電話をかけてみると、彼女は機嫌の悪そうな声で電話に出た。

潤さんは公園での出来事を詳しく語ったが、Mの方は、「それで結局何が言いたいわけ」と呆れていた。

こんな時間に変な電話かけてこないでよ、とMから怒られたあげく、

「先週、うちの郵便受けにスズメの死骸を入れたのって、もしかしてあんた？」

と、あらぬ疑いをかけられてしまったという。

ヒトコワイ話

首の後ろの男

週休三日で営業事務の仕事をしている理沙さんは、金曜日の昼間、近所のスーパーのフードコートでカレーライスを食べていた。

フードコート内はいつもよりも空いている。

右斜め前の六人用のテーブルには、こちらに背を向けて、ダボダボの青いパーカーを着た金髪で両耳にピアスをつけた男がいる。ノートパソコンを前に、男は画面に向かって話しながらラーメンを食べ、時々笑い声をあげている。

理沙さんが彼のパソコンの画面を見ると、四分割されたそれぞれに、パンクロック系のぎらついた格好をした四人の若者の顔があった。オンライン会議アプリを使って談笑しているようだ。

ああ、いいな、私も久しぶりに友達とああいうのやろうかな。

理沙さんがそんなことを思っていると、座っている金髪男の青いパーカーの背中部分が突然、風船のように丸く膨らんだ。

男の首の後ろから、歯磨き粉のチューブを絞り出す時のような動きで、坊主頭の男の顔がぬるりと出てきた。

坊主頭の顔は金髪男の真後ろを向いていて、左右に細かく震えながら、太い眉毛の下の見開いた眼をぎょろぎょろさせていた。首から下はないようだ。

金髪男は、首の後ろの異変に気付かないらしい。パソコンに向かって、仲間と一緒に気楽な談笑を続けている。

数年ぶりに変なものが視えてしまったな、と理沙さんは思った。

カレーライスを急いで食べ終え、食器返却口に向かう。

金髪男の方をちらっと見た。首の後ろの坊主頭はまだそこにあった。

彼、あんなのが憑いてて大丈夫かなあ。まあでも、本人は気づいてないし、害はなさそうだから、いいかな。

思わずじっと見ていると、坊主頭と目が合った。

坊主頭は、太い唇を大きく開いて、

「ほっといてくれよ」

と、女のような高い声で叫んだ。

他の人にはその叫び声は聞こえなかったようだが、金髪男には聞こえたのか、周囲を見回して理沙さんと目が合った。そして睨みつけながら「うっせぇおんな」と舌打ち混じりに呟いた。

なんだよ、ちょっと心配してやったのに、損したな。

理沙さんはそそくさとフードコートを後にした。一度だけ振り返って、金髪男を見てみる。

男がラーメンどんぶりに顔を突っ込んでいた。パソコンの向こうにいる友達を笑わせるためかと思ったが、ノートパソコンは閉じられている。

首の後ろの坊主頭は、口を真横に開いて笑っていた。

金髪男はすぐにどんぶりから顔をあげると、スープで濡れた顔を振りながら戸惑った様子で自分の近くを見回していたという。

ヒト怖イ話

中華屋にて

夏の暑い日、石田さんは外回りの営業の合間に冷やし中華が食べたくなった。

目についた中華料理店に入った。昼前だったからか、客はあまりいない。

壁を背に座れる奥の席が空いていたので、そこに向かうと、「あ、そっちはちょっと」と、後ろから声をかけられた。

振り返ると、あちこち汚れた前掛けを着けた汗っかきの太った店員がいた。彼は入り口横のエアコンの真下に石田さんを座らそうと手で促した。

「別にあの席も空いてるからいいでしょ」

石田さんは太った店員の提案を拒んで、奥の席に強引に座った。

太った店員は、困り顔で少し迷った後、「お客様がそう言うのでしたら」と言った。

冷やし中華一つ、と石田さんが言うと、わかりましたと言って太った店員は厨房にひっこんだ。

石田さんはスマホで最新ニュースをチェックしていた。

しばらくすると、昼間なのに派手なドレスのキャバ嬢らしき女が二人入ってきた。

どぎつい香水のにおいが店の中に漂う。

二人の女は入り口近くの席に座り、最初は仲良くしゃべっていた。

だが、ある男の名前を片方が出すと、二人は口論をし始めて、露出の多い方の女がポシェットから折り畳みナイフを取り出し、振りかざした、
大変だ、と石田さん思った。だが、他の客や店員は知らんふりしていた。

石田さんは、ちょうど冷やし中華を持ってきた太った店員に、「助けてやってくださいよ」と言ってみた。

だが、店員からは「ああ、視えちゃいましたか、でも気にしないでください」と言われてしまった。

露出の多い方の女が金切り声をあげて、ナイフを相手の胸に突き刺した。

その直後、二人とも炎天下でアイスが溶けるような速さでドロドロといなくなった。

「あれ、二人とも、昔の女なんすよね」と太った店員が申し訳なさそうに言った。

奥の席に座っていると、人によっては視えてしまう場合があるんです、と説明された。

「その店、冷やし中華はめちゃくちゃおいしかったんですけどね。その後、血まみれの女が出てくる夢を見るようになって……もう一度、食べたいんですけどね」

石田さんは残念そうに言う。

ヒト怖イ話

桜貝

真奈美さんは高校二年の時、二個上の大学生Y夫と付き合っていた。

Y夫は高校のバスケ部で知り合った二個上の先輩だった。バスケ部ではエースとして活躍していた。高身長でイケメンな上に、周りに気を使える男性だったという。

Y夫は有名な私立大学の法学部に現役で合格していた。

真奈美さんは合格祝いのメールを送るときに、思い切って自分の気持ちを告白した。

すると、Y夫先輩も同じような気持ちでいたという。

それからやり取りをするようになって、春の終わりごろから交際が始まった。

八月初め、真奈美さんはY夫からドライブデートに誘われた。

海沿いの観光地に行って、おいしい海鮮丼を食べよう、というY夫の提案に、真奈美さんは喜んだ。

ドライブデート当日、Y夫は真奈美さんの住むマンションの前に自分の車で迎えに来てくれた。

まだ中古車しか買えなくてごめん、とY夫は気まずそうに笑ったが、車の外見はきれいだった。中も手入れが行き届いていて、ほんのりと芳香剤の香りが漂っている。

車の中では、彼と共通の趣味である映画やドラマの話で盛り上がった。海岸沿いの道に入ると、夏の日差しを反射する海面がキラキラと輝いていた。

駐車場をうまい具合に見つけて、二人はY夫が予約してくれていた店で美味しい海鮮丼を堪能した後、土産物屋の並ぶ通りを歩いた。

観光客で込み合う通りを歩く時、Y夫は真奈美さんと手をつないでくれた。

真奈美さんは、ある土産物屋の店先で立ち止まった。

淡い色合いの美しい桜貝を加工して、金色のフックを付けたイヤリングを見つけたのだ。

アクセサリースタンドの前には、「幸福を呼ぶ桜貝!」と書かれた木の板が置かれている。

「これ、かわいい」

つないでくれていたY夫の手が離れた。彼の顔を見ると、なぜか曇っていた。桜貝のイヤリングの値段は二千円だった。買ってほしいとおねだりしているように聞こえたのだろうか。

別にそんなつもりはなかったのに。海鮮丼は気前よくおごってくれたけど、お土産は自分で、ってことか。

「あのアクセサリー、買ってくるから、ちょっと待ってて」

「いや、それはやめといた方がいい。この店、ネットで悪い評判があるんだよ。そもそも、貝をアクセサリーにするのはいいことじゃない」

彼にそう言われて、真奈美さんはスマホでその店の名前を検索してみたが、特に悪い評判は見当たらなかった。

【クレーム　悪評　返品】などのワードを追加して検索してみても、見当たらない。

「見間違えだと思うよ」と言って、真奈美さんはアクセサリーを自分で購入した。

駐車場に戻ろうと歩く間、真奈美さんはY夫と手をつなごうと二度試みたが、なぜか拒まれた。

彼はずっと困ったような顔をしながら、押し黙っている。

買わない方がいいと忠告したアクセサリーを買った私に、腹を立てているのか。

「私一人で盛り上がって、勝手に買い物してごめんね」

気持ちを込めて真奈美さんは謝った
だが、Y夫は「ああ、いいよ」とそっけなく言うだけだった。

真奈美さんが助手席に乗り込む時、Y夫は、「それ、後部座席に置いてくれない？」と真奈美さんの白いハンドバッグを指さした。

ここに来る時は、このバッグを抱えていても彼は何も言わなかったのになあ、と不思議に思いながら、真奈美さんは彼の言葉に従った。

帰り道、真奈美さんからどんな話題を振っても、Y夫は生返事ばかりで、会話が続かなかった。

Y夫の顔を見ると、緊張して周りに気を張っているような表情をしていた。車内には寒いほどの冷風が吹いているのに、彼の額にはうっすらと汗が浮かんでいる。

カーブを曲がった時、後部座席のハンドバッグが倒れて、ガサリ、という音がした。

彼はぎょっとして首をすくめ、バックミラーをちらりと見た。

バッグが倒れたくらいでそんなにビビることかなあ。

真奈美さんは何気なく後部座席を見た。

助手席の後ろに違和感があった。

後部座席用のシートベルトを嵌め込むためのバックルの根元に、白くて細長い、妙な形のものがある。

小さな手だった。指が四本、うごめいている。薬指部分が欠けていた。

その指先の爪は淡いピンク色で、真奈美さんは桜貝を思い浮かべた。

手は少し斜めに向いている。その先には、白いハンドバッグがあった。バッグが欲しい、と訴えているような動きに見えた。

いや、バッグではなく、中にある桜貝のイヤリングを求めているのか。

「どうしたの?」

Y夫から言われて、真奈美さんは我に返った。

彼を見ると、泣きそうな顔になっている。

「いや、なんか、子供の手みたいなのが」

後部座席をもう一度見ると、白い小さな手は消えていた。

Y夫はブレーキをかけて、路肩に車を止めた。

「真奈美ちゃん、悪いけど、車から降りてもらえないかな。ここから歩いて二十分くらいで駅につけるから」

「え……ごめん、変なこと言って。手なんて、ウソウソ。あなたの気を引きたくて、つい言っちゃっただけなの」

真奈美さんが車を降りるまで、Y夫は黙ったまま首を振り続けた。

その後、真奈美さんは電話やメールでY夫と連絡を取ろうとしたが、彼は一度も応答しなかった。

「あの妙なものが、中古車のせいで出てきたのか、それとも彼の行動のせいで出てきたのか、わからないんですけどね。あ、わたしのせいじゃないのは確かです。やましい過去とかないし。まあ、私はその後すぐに別の人と付き合えたので、Y夫のことはどうでもよくなっちゃったんですけどね」

真奈美さんが明るく笑うと、耳に付いた桜貝のイヤリングが揺れてきらめいた。

ヒトコワ話

置き去りにしてみた

祥太郎さんは高校卒業後、幼馴染のS子とT男と一緒に隣県で開催された音楽イベントに車で遊びに行った。

当時そこそこ名のあったロックバンドが集まったイベントを三人で楽しんだ後、帰路も祥太郎さんの運転で帰ることになった。

夕暮れが近づいていた。

山間地に沿った国道を走っていた時、「トイレに行きたいからコンビニ寄って」と後部座席に座っていたT男が言い出した。

「あんたさあ、またなの。来る時にも二回もトイレに行ったじゃない。そのへんでしなさいよ」と助手席のS子は呆れた。

「しょうがねえだろ、出るもんは出るんだから。コンビニまでは俺がナビするからよ」

だが、その地点からコンビニに行くには、かなりの距離を戻らなくてはいけなかった。仕方ねえなあ、と思いながら、祥太郎さんはT男のナビに従うことにした。

「そういえばこの辺って、女の人が捨てられてたとこだよね。三年前くらいにニュースでやってた。バラバラ死体遺棄事件のやつ」

S子がおびえたような口調で言った。

「はあ、そんな事件あったっけ？　さっき見た看板の地名で調べてみよっと……いや、検索では出てこないぞ。ここじゃないんじゃねえの？」

T男が呆れたように言う。

怖がりなT男を懲らしめるつもりでS子は言ったんだろうな、と祥太郎さんは思った。

「てか、変な話すんなよなあ、S子。くっそ、腹が痛えよ。うわ、我慢できないかも」

「だから、そのへんでしてくればいいでしょ。待っててあげるから」

S子がバッグから、高品質のポケットティッシュと携帯用ウェットティッシュを取り出して、T男に手渡した。

「んだよ、こういうの持ってるんなら早く言えよな」

車を路肩に停めると、T男は苦しそうな顔で、乱暴にドアを開け閉めして、車を出て行った。草のにおいが車の中に入り込む。

ひしゃげて錆び付いたガードレールの向こうに立って、T男はしばらく周りをうかがっていたが、やがて、ベージュのカーゴパンツを脱ぎ、車をちらりと見てから、ボクサーパンツも脱いでかがみこむ。

辺りは薄暗くなってきていた。

「ねえねえ、車出しちゃってよ」とS子がいたずらっぽい笑顔で言う。

「いや、一応あいつを待たねえと」

「実は私、YouTubeチャンネル始めようと思ってるんだよね。置き去りにする動画、よくあるじゃん。再生動画稼げるかも」

「いやいや、ありがちな動画だとあんまり意味ないんじゃね。ってか、さすがにあいつでもキレると思うよ」

「いいじゃんいいじゃん、やってみてよ。後ろのドアをロックして」

S子に肩を揺さぶられ、祥太郎さんは車のエンジンをかけてみた。

すぐにT男が走り寄ってくる音がして、後部座席の窓が叩かれた。

カーゴパンツをまだ穿き終えていないT男が泣きそうな顔をしている。S子は笑いをこらえながらスマホを向けてT男の姿を録画している。

「早く車出しちゃって！」

S子が叫ぶように言った。祥太郎さんもおかしくなって、車を発進させてみた。

後ろから、カーゴパンツを押さえながら必死の形相でT男が追いかけてくる。

さすがに可哀そうになって、祥太郎さんは車を停めて、後部ドアのロックを解除した。

あわてて後部座席に滑り込んだT男は、目を赤くして涙を流していた。

「は、早く、車出して。来てるから」

「来てる？　何が？」

祥太郎さんは車を発進させながらバックミラーで後ろの道路を見ているが、何かが近づいてくる様子はない。

「赤い奴が、向かいの崖から追ってきた」

T男は声を震わせて言う。S子は首を振りながら笑った。

「いやいや、そういうの引っかからないから。さっきはごめん。ちょっとあんたの態度にむかついちゃったから。てか、出すものはちゃんと出せたの？」

S子がおどけたように言ったが、T男は怯えたままだった。

「あんた以外、なんにもいなかったって。私、ちゃんと動画撮ってたんだから」

S子はスマホで撮った録画を再生した。

「ほ、ほら、俺の足元に、赤い、ドロドロした奴が這って来てるだろ。これって、お前が言ってた被害者の女の人なんじゃねえの」

「いやいや、赤い奴なんていないでしょ。さっきの話は、あんたを怖がらせるための作り話だから」

「そうだったのか……で、でも、きっとあそこで何かあったんだよ」

祥太郎さんもスマホの画面を見てみた。山間道を背景にして、必死に走ってくるT男が映っているだけだった。

やがてT男は、頭が痛い、と言いだして、後部座席で横になると、ハンカチを目に乗せて黙ってしまった。

祥太郎さんが運転している間、助手席のS子はスマホで撮影したばかりの動画を何度も見直していた。

S子はしばらく口を押さえながら一人で笑っていた。

だが五分ほど経った時、S子は「ヒッ」と声を漏らして、震える指で動画を消去していた。

「どうした。何か映ってたりした？」

「……ううん、なんでもない」

祥太郎さんがちらりと見ると、S子の顔がこわばっていた。

「いいから、早く帰ろう」

S子のただならぬ様子を見て、祥太郎さんは彼女の言葉に従った。


そのおよそ一年後。

T男とS子は同棲生活を経て結婚した。

寝る部屋は別にしているらしい。

「あなたのいびきがうるさくて眠れないから、ってT男には言ったけど、本当は、同じベッドで寝てると、あの時スマホで撮っちゃった赤い人が、ベッドに上ってきちゃうからなの。彼は気づいてないみたいだけどね」

結婚式の二次会で、酔ったS子は祥太郎さんにそう打ち明けたという。

ヒト怖イ話

なくした日記

スーパーでアルバイトをしている美咲さんは少し前まで、合コンで知り合った六歳年上の大手IT企業勤務の男性Mと付き合っていた。

Mとは合コンの終わりに連絡先を交換して、翌週には二人きりでデートをした。

好きなミュージシャンや芸人の話題で盛り上がり、似たような感性を持った人と出会えたんだな、と美咲さんはうれしかった。

仕事ができて、いつも穏やかで、センスが良くて、知識も豊富で、程よく筋肉質な彼。文句の付け所がなかった。

やがて美咲さんはMと深い関係になり、ある日、彼の部屋に招かれた。

おしゃれな部屋だった。

カーテンやテーブルクロスの趣味まで合うんだな、と気づいて、嬉しくなった。

彼の作ったパスタを堪能し、とっておきのワインを味わい、いい雰囲気になった。

「先にシャワー浴びるね。先にそっちで待ってて」と寝室を指さし、美咲さんがそれに従うと、彼はバスルームに向かった。

美咲さんはベッドの前で座り込み、シャワーの音を聞きながら、彼の寝室を見回した。

壁に小さな黒い蜘蛛がいた。蜘蛛はするすると動いて、壁際にある白いスチールデスクの一番下の引き出しに入り込んでしまった。

そういえばMさん、蜘蛛が大嫌いだったな。彼が戻ってくる前に、窓の外に出してあげよう。

田んぼの近くにある家で幼少期を過ごした美咲さんは、大人になっても虫を平気で触ることができた。

引き出しの取っ手に触れた時、勝手にこういうのは触っちゃいけないかな、とも考えた。でも、前に彼は、私に隠し事なんてないって言ってくれてたし。もし書類とかが見えても、触らず、見ないようにしよう。

美咲さんは引き出しを慎重に開けた。

中には、古びて黄ばんだノートがあった。黒い蜘蛛は見当たらない。

そのノートに、見覚えがある気がした。

表紙をよく見て、驚いた。

【じゆうちょう】という文字の下に、明るい陽光を浴びた赤い花の写真。名前の欄に「わたしの日き」と書かれていた。

それは、美咲さんが八歳の時に書いていたが、どこかになくしてしまった日記だった。

なんで、これがこんなところに。


美咲さんは小学校二年生の時に、親の仕事の都合で町を引っ越した。

せっかく小学校では仲のいいお友達ができたのに、離れ離れになってしまうのが寂しかった。なにげない出来事も大切な思い出になった。

お友達のことを忘れないようにしよう、と思い、美咲さんは親が買ってくれた「じゆうちょう」日記をつけ始めた。

転校先で、美咲さんはNちゃんという女の子と親しくなった。

Nちゃんは家庭の複雑な事情のある子だったが、美咲さんにとても優しくしてくれた。

休み時間は、いつもNちゃんと一緒にいた。好きな遊びが同じだった。

夏休みも、三日に一度は会っていた。

だが、七月の終わりに、学校からの連絡網が回ってきた。

Nちゃんの居場所がわからなくなったという。

美咲さんは心配で、ご飯もろくにたべられなくなってしまった。「じゆうちょう」に日記をつけるのもやめてしまった。

親たちが、Nちゃんの父親が無理やり娘を連れ去ったんじゃないか、と噂しているのを美咲さんは聞いて、涙が止まらなくなった。

母親から、「Nちゃんは他の町で元気にしてるから心配しないで」と慰められた。

いきなり離れ離れになっちゃったのはさびしいけど、元気にしてるなら、まあいっか。

そう考えて、美咲さんは少しずつ食欲を取り戻した。

夏休みが明けると、担任の先生が「Nちゃんは急に転校することになってしまいました」と発表した。

クラスメイトの何人かが質問を担任にぶつけたが、「とにかく引っ越しちゃったんです！」と言ったきり、担任は質問に答えようとはしなかった。

だが美咲さんは、噂好きの女子が「Nちゃんは変な人にさらわれちゃったみたいよ」

と言っているのを耳にしてしまった。

心の中で不安と心配が膨らんで、日記に書いて吐き出そうかと思ったが、机にしまっていたはずの「にっきちょう」はなくなっていた。


美咲さんは、黄ばんだノートをぱらぱらとめくった。

やっぱり、見覚えのある字、私の字だ。

後半は白紙のままになっている。後ろからたどって、最後の日記が描かれた所の日付を見てみた。

八月一日……？

あの年の七月末の「Nちゃん失踪騒ぎ」以降は、書かなかったはずなのに。

【昼間、Nちゃんは、三かく公えんの前で、だい一中学のせいふくのお兄さんと手をつないで歩いていた。夕方、そのお兄さんから、誰かに話したら君も消すよ、といわれたので、ここにしか書けない。Nちゃんみたいに消えたくないから。】

なに、これ。

あの時の自分が書いていた字に見える。だが、自分では書いた覚えのない文章だった。

自分で書いたのに、忘れてしまったのか。どうして、こんな大事なことを……。

シャワーの音がやんだ。美咲さんは、慌ててノートを引き出しにしまった。

やがて、白いバスローブを着た姿で寝室に入ってきた。

ノートを見なかったことにすればいい。

彼のデスクの引き出しを勝手に開けてしまったことがばれるのはまずいし。

そもそも、あれは私のノートなんかじゃなかったのではないか。ただの勘違い。記憶違い。きっと美味しいワインを飲み過ぎたせいよ。

美咲さんは自分にそう言い聞かせたが、自分の気持ちをごまかすことはできなかった。

思い切って、彼に聞いてみることにした。

「ねえ、どうして、私の日記があなたの部屋にあるの?」

いきなりなに、どんな冗談だよ。

Mがそんなふうに笑い飛ばしてくれることを美咲さんは期待した。

だが、いつも穏やかなMの顔が、急に険しくなった。

つかつかとスチールデスクに歩み寄り、一番下の引き出しを開けた。

彼は、その「じゆうちょう」が私の日記だと知っている……。

彼は洗顔する時のように両手で自分の顔を覆って、揺らした。

なんとか微笑みを造ろうとしているようだが、唇がいびつに歪むだけだった。

彼は震える手でノートを手に取り、美咲さんに差し出した。美咲さんは唖然としながら、それを受け取った。

「このノートが君の日記だって、本当に言い切れるのかな。懐かしい赤い花の写真を見て、そう思っただけじゃないでしょ?」

「私もそう思いたかった。でも、あなたの反応を見てたら、とてもじゃないけどそうは思えない」

Mはわざとらしく咳払いをして、美咲さんににじり寄ってきた。

「昔の僕が警察の目をうまくごまかした、なんて考えているのかい? だいたいさあ、昔の自分の字なんて、覚えてるものなの? 君は、自分の記憶力にそこまで自信があるの? そもそも僕が君の日記をわざわざ盗む理由は何? それを取っておく理由は? ひょっとして君が自分で持ってきて入れておいたんじゃない? 何のために?」

「ちょっと待って、落ち着いて」

「僕を困らせるために? 君は僕が嫌いなの? それなのに僕の部屋に来たの? もし

かして僕のいる会社の商売敵？　わざわざ体を使って僕を陥れようっていうの？」

支離滅裂なことを早口で捲し立てるMの声に、美咲さんは嫌悪感しか抱けなくなっていた。

このノートをなくした時、私は八歳。Mさんは六個上だから、十四歳。

【だい一中学のせいふくのお兄さん】……。

そういえば、Mさんとは、出会った頃から、何かと話があった。

彼は初めて会ったふりをしていたが、本当は私のことをよく知っていたのではないか。

合コンで「偶然」出会ったと思い込んでいたけど、違うのではないか。

でも、なんのために？　私があの時のことを覚えているかどうか試すため？

Nちゃんと仲が良かった私でなければいけない理由でもあったの？

美咲さんはノートを持つ自分の手が震えていることに気付いた、

「怖いんだね、だったら処分してあげる」

Mは「じゆうちょう」をひったくると、上端にライターで火をつけようとした。

ライターの火が彼の両眼に映り、ぎらぎらと光った。

急に怖くなり、美咲さんは彼の部屋を飛び出した。

混乱と恐怖のせいか、どうやって自分の部屋にたどり着いたかは覚えていない。

それ以降、彼から来る連絡は全て無視することにした。


彼の部屋を出てからおよそ一週間後、Nちゃんの夢を見た。

彼女は八歳の時のままの姿だった。真っ白な空間の中で、Nちゃんと向かい合った。

美咲さんは謝りたくてたまらなかった。それなのに口がうまく動かせず、謝ることができなかった。

Nちゃんはふんわりとした微笑みを浮かべて、首を小さく振った。許してもらえたような気がした。

その次の日。Mと出会った合コンに一緒に参加していた女友達から連絡があった。

「知ってる？　Mさん、昨日の夜に亡くなったんだって。車の事故だったらしいけど。美咲はあの後、Mさんと何度か会ったりしてたんでしょ。ねえ、大丈夫？」

美咲さんは心配してくれる友達の声を聞きながら、夢の中でNちゃんが見せた微笑みを思い出したという。

ヒト怖イ話

ドアノブの音

桜の花が散り始めた時節、晴美さんは彼氏とビデオ通話で三十分近く話していた。

彼氏は劇団員で、木造アパートの四畳半で金のない暮らしをしていたが、夢に向かって頑張っている人だった。

通話の途中で彼氏が、「後ろのドア、誰か来てるんじゃない」と言い出した。

晴美さんはリビングのソファに座っていた。

振り向いたが、後ろには白い壁しかない。

スマホの画面上の光の加減で、ドアがあるように見えたのだろうか。

「ドアって、なんのこと?」

「ほら、君の後ろの黒いドアノブが動いてるじゃん。俺の方にもガチャガチャって音が聞こえてきてるよ」

「なに言ってんの。酔っぱらいすぎて、幻覚でも見てるんじゃないの?」

彼氏は、しまった、というような顔をした。

そういえば、彼は幼いころに他人には視えないものが視えたとか言ってたなあ、と晴美さんは思い出した。

「ごめんごめん、見間違いだったみたい。悪いけど、明日の朝のバイト、結構早いから、そろそろ寝ようかな」

「そっか。わかった。じゃ、またね」

通話が終わった。

さっきの彼の変な言葉は何だったんだろうと思いながら、晴美さんは寝室に向かった。

その頃晴美さんが住んでいた部屋のドアノブの色は全て、黒ではなくて銀色だった。

布団に入り、明かりを落としたが、その日はなかなか寝付けなかった。

理由はわからないが、彼氏との楽しかった思い出が唐突に頭の中にいくつも浮かんだ。

しばらくして、ようやく意識が薄れかけた時。

ガチャガチャ、ガチャガチャガチャガチャ。

晴美さんは異様な音を聞いて、目を覚ました。

ドアの方で音がする。

部屋に誰かが侵入しようとしているのか？

晴美さんは、用心のために枕元に置いておいた虫よけスプレーを手に取ろうとしたが、体が動かない。

こんな時に金縛り……。

だが、何かおかしい。

泥棒が侵入してきたのだとしても、わざわざあんな音を立てるだろうか。

眼だけを何とか動かして、ドアの方を見てみた。

暗い部屋の中で、突然、ドアノブの周りだけがぼんやりと明るくなった。

晴美さんは異臭を嗅いだ。

職場の喫煙所の前を通る時に嗅ぐにおいに似ていた。

銀色だったはずのノブが、真っ黒になっていて、おかしな速度でガチャガチャと上下に震えていた。

晴美さんは短く悲鳴を上げた。

ドアノブがぴたりと止まり、金縛りが解けた。

晴美さんが部屋を明るくすると、ドアノブは、元通りの銀色だった。

——黒いドアノブが動いてるじゃん。

晴美さんは彼氏の言葉を思い出して、なぜか急に心配になり、彼氏に電話をかけてみた。

五回ほどのコールの後、彼氏が出た。

「晴美ちゃん、ありがとう、助かったよ」

起き抜けの声で彼が言う。

「ちょっと酒飲んじゃって、寝タバコで部屋燃やしちゃうところだったよ。晴美からの電話で起きたからよかったけど。あっぶなかったあ」

「そうだったんだ。無事でよかったけど、気を付けてよね」

その後も、何度か夜中に似たようなことが起こり、そのたびに彼氏の所へ連絡を入れると、やはり寝タバコでの小火を起こしかける寸前だった。

その連絡の中で、彼氏が複数の女と浮気をしていたことに気づいた。

呆れた晴美さんは、彼との別れを決意した。

別れた後、晴美さんは二度ほど、金縛りに遭い、黒いドアノブがガチャガチャ動くのを見た。

そのたびに別れた彼の顔が浮かんだ。

だが、あんな奴は寝タバコでどうなろうと知ったことではない、という気持ちになってしまい、元彼に電話してあげたことはないという。

ヒト怖イ話

クレヨンとスケッチブック

当時六歳だった礼司さんは、三つ下の妹と留守番をしていた。

両親は近所のスーパーに車で買い物に出かけている。

礼司さんは妹と一緒に対戦型のテレビゲームをしながら、アイスを食べていた。

アイスを二個続けざまに食べたせいか、おなかが痛くなってしまい、礼司さんはトイレに行った。

トイレから戻ってくると、背中を向けた妹はゲームをやめていて、こたつテーブルの上で何かをしている。見ると、日焼けで黄ばんだスケッチブックを広げて、小さな手に黒いクレヨンを握って、絵を描いていた。

スケッチブックは最初の二、三枚が破り取られていて、スパイラル綴じの針金には破りそびれたギザギザの紙がひっかかっている。

二十四色入りのクレヨン入れがテーブルに置かれている。どの色も使いかけで、赤と黒だけが他と比べて極端に減っていた。

妹はこんなの持ってたっけな、と礼司さんは不思議に思った。

「その画用紙とクレヨン、どうしたの。いつ買ってもらったの？」

「おとなりのみかちゃんが来て、これあげるって、さっきくれたの」

礼司さんの家族が住んでいたのは、二階建て木造アパートの角部屋だった。

隣の部屋には三人家族が住んでいたが、先月その家族の母親が病気で入院してしまった。部屋に残っていた父親と娘のみかちゃんも、先週引っ越して、いまはいない。

「お隣？　もう引っ越しちゃっただろ。隣の隣の部屋、じゃないの」

「違うよ。おとなりのみかちゃんだよ」

「みかちゃん」は、いつ来たのだろうか。

礼司さんがトイレに入っている間、チャイムもドアを叩く音も聞こえなかったのに。変なの、と思いながら、お絵かきに夢中になる妹を放っておいて、礼司さんは一人プレイでしばらくテレビゲームをしていた。

喉が渇いたので、礼司さんはこたつテーブルに置いたコップに手を伸ばした。

妹がスケッチブックに描いている絵を見て、礼司さんはぎょっとした。

アパートの床と思しき茶色で紙面は塗りつぶされている。その真ん中に、真っ黒な人型のようなものが横たわっている。

長い髪のつもりだろうか、頭部も黒色でギザギザに描かれている。

そして、黒い人型の顔の部分には青い涙が、腹の部分からは赤い臓物のようなものが飛び出しているように描かれていた。

「なんでこんなもの、描いたんだよ」

「だって、頭の中で思いついたから」

礼司さんが低い声を出したせいか、妹は少し怯えていた。

クレヨンとスケッチブックを渡してきたのは誰なのか。

やっぱり、みかちゃんが一人でここに来て、渡しに来たというのは変だ。

妹の小さな手が、様々な色のクレヨンで汚れている。

クレヨンが、妹に気味の悪いものを描かせているのか。

「それ、使っちゃだめだ」

礼司さんは妹の手から握っていた赤いクレヨンを奪い取ると、他のクレヨンとスケッチブックを一緒に窓の外に投げ捨てた。なぜかそうしなければならないような気がしたのだ。

妹は火が付いたように泣き始め、外に出てクレヨンを拾いに行こうとしていた。

礼司さんは妹を抱えてそれを止めた。

やがて、両親が買い物から帰ってきた。

「お兄ちゃんなのに、意地悪したら駄目だろうが」と父親から頭を叩かれた。

「だって、隣のみかちゃんからクレヨンをもらったとか変なことを言って、気持ち悪い絵を描くんだもん」

「クレヨン？　どこにあるんだそれは」

礼司さんは父親に留守番中の出来事を説明した。

父親が外に出て行ったが、しばらくすると帰ってきて、

「クレヨンもスケッチブックも、どこにもなかったぞ」と不思議がった。

クレヨンで汚れていたはずの妹の手は、いつの間にかきれいになっていた。

「クレヨンで、あの黒い人をかいてね、って、みかちゃんがいったから、おえかきした

だけなの」

泣き止んだ妹はそう言った。

父も母も意味が分からないようで、苦笑いを浮かべる。

その翌週、両親は新品のクレヨンとスケッチブックを妹に買い与えた。妹はとても喜んでいた。

お前もいるか、と父親から訊かれたが、自分もクレヨンで不気味な絵を描いてしまいそうな気がして、礼司さんは首を振った。

その後、妹が描く絵は明るくて子供らしいものばかりになった。

あの留守番の時に「黒い人の絵」をクレヨンで描いたことなど、すっかり忘れてしまったようだった。

十七年ほど前の話である。

先週、礼司さんは久しぶりに、二十歳になった妹と実家で談笑していた。

「そういえば、留守番中に黒い人の絵を描いた時のこと、覚えてる?」

礼司さんが訊くと、それまで明るい顔で話していた妹は、急に暗い顔になった。

「覚えてない」と言って妹はゆっくりと首を振り、もうその話は二度としないでね、と礼司さんに釘を刺してきた。

ヒト怖イ話

図書館の女

大学院生の渚さんは土曜日の昼過ぎ、自転車で家の近くの公立図書館に行って本を借りようとした。

その頃お気に入りだった海外の推理小説家の本を借りたいと思い、本棚の前で探していると、

「これでしょ」

と左から女性の声がした。

白く細長い手が、渚さんの探していた作家の本を差し出してきた。ちょうど、借りたいなと思っていた作品だった。

思わず「ありがとうございます」と言って受け取った。

白い手をたどって相手の顔を見ようとして、息を呑んだ。

黒いワンピースに包まれたほっそりとした胴体は、図書館の天井にまで続いていた。女の首から上は見えない。

驚いた渚さんは腰が抜けてしまった。ハードカバーの本が床にばさりと落ちる。

通りがかった図書館のスタッフが、本を積んだ運搬台車を押しながら、渚さんを心配そうな顔で見ていた。

すみません、とつぶやきながら、渚さんは本を拾って立ち上がった。

その頃、質のいい睡眠がとれていなかった。夜中に色んな事を考えてしまって眠れないかと思えば、昼間、突然気絶するように眠ってしまうことがある。

本を選んでいる途中に意識が飛んでしまって、おかしなものでも見ちゃったんだろうな、と渚さんは思った。

受付カウンターでその本を借りて、カフェに向かったが、歩いているうちに、今度こそ眠気がどっと襲ってきた。

以前、カフェで眠ってしまい、テーブルの上のコーヒーを盛大にこぼし、慣れない店員に迷惑をかけてしまったことを思い出した。

顔を叩いて、足を速めて、なんとか体を起こそうとする。

カフェに寄らず、家に帰った。一眠りしてから、本を読むことにしたのだ。

ベッドに横たわると、途端に意識が飛んで、眠りに落ちた。

ペラ、ペラ……。

渚さんが目を覚ますと、真っ暗な部屋の中で、机の上に置いた本がめくられていく時の音がした。

いったい何?

本が風でめくられているのか? でも、寝る前に部屋の窓は閉めたはず……。

眼を開けたが、暗いままだった。

夜まで眠ってしまったのか。

部屋の中に、どんよりとした空気が漂っていた。

電気をつけなきゃ、と渚さんは思ったが、体が起き上がらない。

手も足も頭も、鉛のように重くて、持ち上がらなかった。

ペラ、ペラ、ペラ、ペラ……。

一定のリズムで本がめくられる音が聞こえてくる。

風ではなく、誰かがめくっているのか。

渚さんは、昼間、図書館で出くわした黒いワンピースの女を思い出し、わあ、と声を漏らしてしまった。

本がめくられる音が止まった。手足が急に軽くなる。部屋の空気も軽くなったような気がした。

渚さんは体を起こして、部屋の電気を点けた。

机の上には、閉じられた本が置かれている。ページがめくられた様子はない。

黒いしおりが、本の真ん中あたりから飛び出しているのが見えた。

顔を近づけて見てわかった。違った。しおりではない。

長い黒髪が一束、本の中に挟まれていた。

うわあ、なにこれ、気持ち悪い、こんなの挟まっていたっけなあ。

顔をしかめながら、渚さんは髪の毛を本から引き出そうとした。

だが、本の重さのせいか、なかなか髪の毛を引き出せなかった。

そのページをしっかり開いて、髪の毛を取ろうとした。

しかし、その毛は白い糊《のり》のようなもので固まっていて、ページにこびりついている。

なんなの、これ。

そのページは、ちょうど主人公の刑事が、むごたらしく殺された長身な女性の死体を発見するシーンだった。

気味が悪くなって、渚さんはその本を閉じてバッグに入れ、外に出た。自転車に乗り、図書館の夜間返却用ボックスへと向かった。

図書館の駐輪場に着いたときは、午後八時を過ぎていた。

無人の図書館で、なぜか受付カウンターにだけ明かりが灯っている。

渚さんは首筋に寒気を感じた。

そのカウンターの内側には、天井に首の先がめり込んだ黒いワンピースの女がいた。

胸のふくらみが、渚さんの方を向いている。女の白い右手がゆっくりと上がって、手を振ってきた。

渚さんは悲鳴を漏らしながら本を返却ボックスに入れると、慌てて自宅に戻った。

それ以降は、家の近くのその図書館ではなく、同じ市内の少し遠くにある図書館を使うようにしたという。

ヒト怖イ話

映らない時

知子さんはRという名の友人の部屋に遊びに行き、二人で鍋をつつきながら、交際中の彼氏についての愚痴を互いに言い合っていた。

会話を楽しみながら缶ビールを一本飲み干した時、知子さんは部屋の隅に置いてあった姿見に違和感を覚えた。

長方形の木枠で鏡を囲った、後ろにスタンドの付いた姿見である。

鏡の中に、ローテーブルの上の灰色の鍋や黒い箸入れやビールは映っている。

それなのに、鍋の手前にいるはずの自分の姿が映らない。

角度的には映るはずなのに。さっきまで映っていた気がするのに。

自分がそこにいることを否定された気がして、知子さんは焦った。

鍋の上で手を振って、自分が映るかどうか確かめてみた。

右側に座っていたRが心配そうな顔で言った。

「どうしたの、知子。袖が鍋に入っちゃうよ」

知子さんは、ごめん、と言って謝り、手を引っ込めた。

再び鏡を見ると、自分の姿がちゃんと映っていた。

「さっき、姿見に自分が映らなかったように見えたから。自分が幽霊になっちゃったのかなとか思って、マジで焦った」

戸惑いをごまかすように、知子さんは無理やり笑顔を作った。

「ああ、時々映らない時があるんだよね、その姿見。友達にもらったんだけどね。でも、映らない時は、気をつけろ、ってことだから。気をつければいいのよ」

Rも何度か、その姿見に自分の姿が映らなかったことがあるという。

その後、料理中に包丁を足元に落としたり、階段の手すりに掴まり損なって転びそうになったらしい。

「その、気をつけろっていうのは、ぼうっとしちゃったり、意識が飛んじゃったりして、自分の体をうまく制御できないかもしれないから、ちゃんと休んで疲れを取るべき、みたいなこと?」

「ていうか、自分の体のある部分が瞬間的になくなっちゃうよってことみたい。世界に無数にある鏡の中には、そういう警告をしてくれる鏡があるらしいよ。この世界って、ずっと継続してるように感じるけど、一秒間に二十四枚の画像をつないで作ってるテレビの映像みたいに、実はすごく短い時間で消えたり現れたりしてるんだって」

Rは真面目な顔で言った。

「え、なにそれ、どういうこと?」

「それから、人の体って毎日一兆個の細胞が入れ替わるでしょ。細胞が消えて、新しい細胞に入れ替わるのにかかる時間が、長くなっちゃう場合があるらしいの。そういうことが原因で、体が鏡に映らない瞬間があるんだってさ。まあ、彼氏がネットで調べてくれた情報の受け売りなんだけどね」

知子さんはRの言っていることがよくわからなかったが、しばらくは気を引き締めて過ごそう、と決めた。

その三日後。

知子さんが地下鉄のホームで電車を待ちながら、スマホを操作していた時。

彼氏とSNSのやり取りをしている最中に、瞬間的に手の感覚がなくなったと思った直後、突然スマホを落としてしまった。

スマホを拾い上げた時、後ろから視線を感じて、知子さんは振り返った。

ホームの壁に、大きな鏡が貼りつけられていた。

自分の両手を開いたり閉じたりして、目の前にあることを確認していると、電車がホームに入ってきた。

地下鉄の風を感じる。埃《ほこり》っぽいにおいがする。自分はちゃんとここにいるんだ、と感じて安堵した。

壁の鏡を見ると、自分の姿はちゃんと映っていた。

その後、知子さんは通りがかりに鏡を見かけるたびに、自分の姿がちゃんと映っているか、確かめるようにした。

それからおよそ二週間後。

知子さんは彼氏に振られてしまった。

「君の眼に俺が全然映らなくなったから」

知子さんから別れる理由を訊かれると、彼はそう答えたという。

彼女が乗っている時は

劇団員のメイさんは、東京に出てきた直後、賃料の安い風呂無し木造アパートに住んでいたことがあった。

アパートの近くには、八百屋や魚屋のある活気のある商店街があり、昔懐かしいたたずまいの銭湯もあった。

メイさんはその銭湯が気に入って、ほぼ毎日通っていた。

風呂場から出て、荷物籠に置いておいたバスタオルで体を拭く。

下着をつけた後は、脱衣スペースの端にある体重計に乗ることにしていた。

体重が増えすぎちゃったな、と思った時は、その後の自宅での夕食を少し軽くしたり、汗をかかない程度のストレッチをするようにしていた。

銭湯に通っていると、そこにいつも通っている近所の女性達とも知り合いになった。

劇団員なんて素敵なことしてるのねえと言ってくれる人もいれば、生活が大変でしょうと同情してくる人もいた。

ある日のこと。

脱衣スペースの体重計に、見慣れない女性が下着姿で乗っているのを見かけた。

その女の背は低めで、手足がガリガリに痩せている。肌は真っ白で、長い黒髪の先は膝の裏くらいまで伸びていた。

女は体重計に乗り、足元の目盛りを見ることもなく、まっすぐ前を向いていた。

風呂場から出てきた中年女性が、体重計に乗ろうとして、痩せた女の後ろに立った。

そして中年女性が体重計に乗ろうとした途端、痩せた女が消えた。

体重計から中年女性が降りると、さっき消えた痩せた女の姿がじわじわと再び現れた。

うわ、久しぶりに視えちゃったよ、と思いながら、動揺したメイさんが手で口を押さえていると、

「あなたも視えるのね」と顔馴染みの白髪の女性が話しかけてきた。

「ねえ、今日は、体重計に乗らないの？」

白髪の女性が笑顔で訊いてきた。

「え、だって、あの女の人が……」

痩せた女の後ろ姿は、さっきと同じくらいはっきり視えるようになっていた。

「大丈夫よ。私たちが乗ろうとすると、遠慮して消えてくれるから。それに、あの人がいる時に乗ったら、ちょっと得するのよ。ま、乗ったらわかるわ」

白髪の女性の穏やかな笑みに後押しされて、メイさんは体重計に歩み寄った。

体重計の目盛り針は、妖しい痩せた女が乗っているにもかかわらず、昨日までと同じく、0を指していた。

メイさんが乗ろうとすると、痩せた女の姿がすっと消えた。

昨日計測した時から今日にかけて、劇団仲間と一緒に結構食べたり呑んだりしちゃったんだよなあ。増えてるだろうなあ。

そんなことを思いながら載ってみると、昨日よりも0・1キロ減っていた。

あれ、なんでだろ、とメイさんは驚いた。

先ほどの白髪の女性が近づいてくる。

「あの子が視えてる時は、あの子の重み込みで0キロの目盛りを指してるのよ。だから、あの子がどいてくれたら、その分ちょっと減るみたい。だから、ほんとに減ってるわけじゃないし、視えてる人しか気づかないけどね。ふふふ」

白髪の女性からそう聞いて、メイさんは納得しようとした。

だが、痩せた女の後ろ姿がどうにも気味悪く感じて、銭湯通いをやめてしまい、シャワー付きのネットカフェに通うことにしたという。

電柱男

そんなメイさんは、幼稚園の年長組の時、他の人には視えないものが自分には視えることがあるのだと気づいた。

メイさんは母親とともに、雨上がりの道路を歩いていた。少し風の強い日だった。

途中で突然、メイさんの目の前に、白と黒の混じった泥のような塊が落ちてきた。

見上げると、たくさんのハトが音を立てて飛び立っていく。

電線が小さく揺れている。ハトたちは、あそこに止まっていたんだろうな、とメイさんは思った。

その近くの電柱に、人がしがみついていた。

髪が短くて、筋肉質な男である。上下とも、真っ赤なジャージを着ていた。

男はバケツのような形の変圧器に腰掛けて、左腕を柱に絡ませながら、右手で電線を掴んでいた。

あの人が電線を揺らしたせいで、ハトが飛んで行っちゃったのかな。

でも、どうしてわざわざ揺らしたんだろう。ハトがいなくなったあとも、どうしてあそこでじっとしてるんだろう。

「ねえねえ、お母さん、あの人、あそこでなにしてるの」

「あれはね、電柱っていうんだよ、人じゃないのよ」

「それは知ってる。あの人、電線を掴んでるよ。だから揺れてるの。だからハトがびっくりしちゃったんだと思う」

「あのね、電線を掴んじゃったら、電気でビリビリしちゃうから、危ないのよ。電線は風で揺れてるだけ。誰もいないわよ、だいじょうぶ」

母はそう言って、なだめるように幼いメイさんの頭を撫でた。

どうやら母には、真っ赤なジャージの男が見えていないようだった。

その後も、風が強くて電線がヒュンヒュンと鳴るような時、メイさんは赤いジャージの男が電線の変圧器に腰かけているのを何度か視てしまった。

メイさんが小学三年生になった年の春。

春一番が吹いた日、ふと空を見上げたメイさんは、電柱男と目が合ってしまった。

男は左腕を電柱にひっかけたまま、ギョロリと目を剥いて、右腕を振り回しながら、口を大きく広げて怒鳴っている。

だが、メイさんには男の声が聞こえなかった。

男は呆れたような顔をして、首をブルブルと震わせながら、電柱に吸い込まれるように姿を消した。

その後メイさんは、赤いジャージの男を視なくなったという。

ヒト怖イ話

似てる子

由利子さんは就職活動中、電車に乗っている時に、見覚えのある女性に気付いた。大学のテニスサークルで知り合ったアヤという女性だと思い、近づいて声をかけたが、相手は不思議そうに首をかしげている。

女性は小花柄の黄色いワンピースを着ていた。ローズ系の柔軟剤の香りが漂ってくる。サークル活動を活発に行っていた時は、共通の友達と一緒にアヤと何度か呑みに行ったこともある。だが最近は就活で忙しくて、半年ほど会っていなかった。連絡もほとんど取り合っていない。

それでも、忘れられてしまうほど疎遠な関係だとは思えなかった。

「ほら私、由利子だよ、テニスサークルの仲間との飲み会で何度か話したことのある」

「由利子さん、テニスサークル……？　すみません、ちょっとわからないです」

首をかしげるしぐさも、声も、アヤそのものだった。

何かが気まずくて、別人のふりをしているのだろうか。

たいして親しくないのに、しばらく疎遠にしてたのに、馴れ馴れしく話しかけてくるなよ、ということなのか。

「アヤ、ごめんね、最近忙しくて、全然連絡とれてなかったのに、いきなり話しかけちゃって」

「いえ。ていうか、わたし、ハルナっていいます。そもそも、大学にも通ったことはないんです」

「そうですか……。すみませんでした。知り合いの子にとても似ていらしたので、つい声をかけてしまいました」

ハルナと名乗った女性は、由利子さんに小さく頭を下げて、遠ざかっていった。ドアの近くの銀色のポールに掴まって、電車の外に目を向けている。

声のかけ方がまずかったから、何かの勧誘ではないか、と警戒されてしまったのかもしれない。それにしても、こんなに似ている人がいるなんて。

由利子さんはスマホを取り出すと、アヤにメールを送ってみた。

「ねえ、ハルナっていう名前の姉か妹、親戚の子はいない？　今、電車で会った人がめちゃくちゃアヤに似てて」

アヤからすぐに電話がかかってきた。どうしてメールじゃなくて電話なんだろう、と思いながら、由利子さんは電話を取った。

「アヤ、ごめん、今電車なんだ。あとで電話する」

「そ、そのハルナって女の人、どんな格好してる？」

アヤの声は、なぜか焦っているように聞こえた。

由利子さんはドア付近のポールに目をやった。

ポールに掴まっていたはずの、アヤに似た「ハルナ」の姿がない。

車両の中を見回したが、彼女の姿はなかった。だが、そのポールの近くには、「ハルナ」の残したと思しきローズ系の柔軟剤の香りがほのかに漂っている。

「かけなおす」と由利子さんは電話を切ると、目的の駅で降りた。そしてホームのベンチに座るとアヤに電話をかけてみた。

「さっきのメールの、ハルナって名乗った女性なんだけど、ドアの前にいたはずなのに、いつの間にか消えちゃったの」

由利子さんがそう言うと、そっか、と、なぜかアヤはすんなりその言葉を受け止めた。黄色いワンピースとローズ系の柔軟剤の香りについても、アヤには思い当たることがあるらしかった。

「ハルナっていうのはね、昔、私が鏡の中に呼び掛けてた名前なの。頭の中だけの友達っていうか。大学に入るまで、あんまり友達がいなかったから、たぶん寂しすぎて、そういう変な遊びをしてたんだと思う」

電話の向こうでアヤは気まずそうに笑った。

ちょうどアヤは、由利子さんに久しぶりに電話をかけようとしていたが、就活で忙しいだろうなと思って遠慮していたという。

由利子さんは就職活動が思うようにいっていなかったが、アヤの明るい声を久しぶりに聞いて、少しだけリラックスすることができた。

お互いに近況を報告し合って、その場で十分ほど話した。

「ハルナのおかげで、由利子と久しぶりに話すことができて、ほんとよかった。時々出てきて、こういうことやってくれるんだよな、あの子」

アヤはうれしそうな声で由利子さんに言ったという。

ヒト怖イ話

美女ランナー

ＩＴ系大手の社員一年目の友晴さんは、夏になると会社からリモートワークを指示されて、しばらく自宅で仕事をすることになった。

平日に家にいるのは久しぶりだった。

通勤しなくていいという解放感から、動画配信サイトを深夜まで見たりして、しばらく生活のリズムが崩れてしまっていた。

平日昼間に自室にいる生活が続いたことで、友晴さんはあることに気付いた。

午前九時半過ぎになると、通りに面した、二階にある友晴さんの部屋に、軽やかに走り抜ける足音が聞こえてくる。

四度目に足音を聞いた時、友晴さんはカーテンの隙間から外を見てみた。

ピンク色のぴったりとしたランニングシャツとハーフパンツを穿いた、茶髪ロングの後ろ姿が見えた。

髪の色と背格好からして、三月にこの部屋に引っ越してから会社勤めが始まるまで、近所の買い物帰りで何度かすれ違った若い美女ではないか、と友晴さんは思った。きれいなランニングフォームで長い手足を動かして、息を切らしながら、脇目もふらずに走っている女性である。

友晴さんは、買い物の行き帰りに何度か、その美女とすれ違った。

昔付き合っていた恋人に、なんとなく面影が似ている感じがした。

その彼女が、午前九時半過ぎに自室の前を通るのだ。

なんとかして知り合いになりたい、と友晴さんは思った。

いっそのこと、自分もジョギングを始めてしまえばいいのではないか、とも考えた。

ある晴れた日。

九時半過ぎにコンビニから部屋に戻ってくることを想定して、友晴さんは外出用の格好に着替えて部屋を出た。

牛乳と納豆を買ってコンビニ袋に詰めて、右手に持って道を歩いた。

健康な食生活をしている男、という印象を彼女に与えたかった。

予想通り、桜並木の向こうから、通りを走ってくる彼女の姿が見えた。

いつもと同じような、地面を力強く駆けるフォーム。

だが、木陰のせいで、美女の顔がよく見えない。

強い日差しの中に走り出た彼女の顔を見て、友晴さんはぎょっとした。

潰れたトマトに似ていると思った。濃淡のある赤が、ところどころ無造作に崩れて、変形している。

大きく動く彼女の長い手足からは、まがまがしい気配が漂っていた。

うわ、と友晴さんは声を漏らし、彼女からできるだけ距離をあけながらすれ違った。

彼女の足音と息の音が、後ろに遠ざかっていく。

友晴さんは踵を返し、もう一度コンビニに向かった。

店長という名札を付けてレジの向こうに立っている白髪の男性に、最近この辺りで変な事件とかありましたか、と思い切って訊いてみた。

我ながら変なことを聞いちまったなと思ったが、店長は答えてくれた。

「事件かどうかはわからないけど、先月、この辺に住んでた若い女性が部屋で腐乱死体で見つかった、ってうわさは聞いたことあるなあ」

腐乱死体と聞いて、さっき見た女の崩れた顔を友晴さんは思い出した。

「そうでしたか。ところで最近、九時半頃、妙な女性がこのコンビニの前の通りを走り抜けますよね？」

友晴さんはそう訊いてみたが、店長は首をひねった。

彼には視えないのだろうか。

コンビニでの二度目の買い物を済ませた後、友晴さんはふと思った。

彼女はランニングを楽しんでいるのではなく、何かから逃げているのではないか——。

その後は、彼女とすれ違わないように気を付けた。

だが、リモートワーク期間中、友晴さんの部屋には、毎日、午前九時頃に道を走り抜ける彼女の足音が聞こえていたという。

ヒト怖イ話

貸した漫画

マキさんは高校一年生の時、お気に入りの漫画をクラスの女友達のTに貸した。

数年前に最終巻が出た、人気のある爽やかな青春恋愛漫画だった。

まずは一巻を貸して、もしTが気に入ったら続きも貸してあげる、ということになっていた。

金曜日に貸して、次の週の月曜日に、Tは貸したその一巻を持ってきた。

「ごめん、ちょっと今の私には理解できないかも」

Tは申し訳なさそうに言った。

「そっかそっか。まあ、好みは人それぞれだからね」

彼女には合わなかったんだな、とマキさんは思った。

受け取った漫画をスクールバッグに戻そうとした時、ふと気になって、マキさんは中身を見てみた。すると、十ページ分ほどに元の漫画の繊細なタッチを踏みにじるかのように、太い黒線で、荒々しいタッチの下手な漫画が上書きされていた。

「え、なにこれ」

マキさんが声を上げると、Tも漫画を覗き込み、驚いたような顔をしていた。

「うわ、なにこれ、ひどいね。ほんとごめん。……たぶん、アニキがやったんだと思う。ちょっと、なんていうか、不安定な人なの」

Tが言うには、彼女には上京して大学に通っている漫画家志望の兄がいるが、東京での生活になじめずに、時々実家に戻ってくるのだという。

「たぶん、アニキが、親がいない時を見計らって実家に帰ってきて、やったんだと思う」

アニキがTの部屋に勝手に入ってきて、自分の趣味とは合わない漫画を見て苛立って、自分勝手な書き込みをしたのだろう、とTは考えているらしかった。

荒い線で描き込まれていた漫画のコマを追ってみると、序盤では若い女二人が仲が良くて笑い合っていた。

だがやがて二人は、一人の男を奪い合って罵り合い、最終的には刃物で切り付け合う、という血なまぐさい展開になっていた。

「ごめん、ほんとに気づかなかったの。弁償するから」

Tは頭を下げて謝った。

いいよ、事情は分かったから、とマキさんはTを許した。

その一年後。二年生に上がっても、マキさんはTとは同じクラスになった。

マキさんは同じ部活のイケメン男子と付き合うことになった。優しくて勉強ができて、リーダーシップのある人だった。

だが、ある日の昼の休み時間、彼のスマホ画面を盗み見したことをきっかけに、彼がTと浮気していたことが発覚した。

彼氏に平手打ちを食らわせた後、教室に戻ったが、Tは既に次の授業のために美術教室に移動していた。

マキさんは美術の授業中、平気な顔をしてクラスメイトと談笑しているTの顔を見て、ふつふつと怒りが湧いた。Tを美術教室の隅に連れて行き、問い詰めると、

「あれれ、まだ付き合ってたんだ。彼からはあんたと別れたって聞いたから」とTは悪びれずに言った。

マキさんは怒りから絶叫した。

近くの机の上に彫刻刀があることに気付いた。

あれで切り刻んでやりたい。

彫刻刀に手を伸ばそうとした時、ふいにTに貸した漫画に上書きされた血なまぐさい展開が脳裏に浮かんで、手が止まった。

あの時見た、荒い線で描かれていた女の意地の悪い笑みが、自分に向けられていたような気がしたのだ。

「ごめん、マキ。本当にごめんなさい」

Tはマキさんの剣幕に驚いたのか、怖がりながら頭を下げた。

マキさんはTのことを許して、彼と別れた。

「彼女の兄が書いたっていう、あの上書きされた不気味な漫画、私に血なまぐさい事態を回避しろと警告してくれていたのか、それとも私とTをああいう状態に導いたのか、どっちなんでしょうね？」

マキさんは首をかしげる。

ヒト怖イ話

五千円札

修蔵さんは二年前の忘年会の帰りに、終電で寝入ってしまい、気づいた時には車両にはほとんど人が残っていなかった。

電車が減速しながら終着駅に停まる。

「この車両は、このあと車庫に入ります」という駅係員のアナウンスがあった。

うわ、乗り過ごしまった、年末でいろいろと出費がかさんで財布がかなり寂しいのに。

駅に降りた他の人たちは、迷うことなく家路を急いでいる。タクシー乗り場に向かう若い女性もいた。

山あいの町だった。駅の周りは街灯で明るいが、見渡しても近くに店の明かりらしいものは見えない。

酔ってぼんやりとした頭を何とか動かして、どうすればいいかを考えた。

近くにネットカフェでもあればいいが、と思いながら、携帯電話で位置を確認する。

郊外のベッドタウンであるこの街では、ネットカフェどころかビジネスホテルも、かなり遠くにしかないようだった。

コンビニすらも、歩いて十分以上先にある。

タクシーを使ってネットカフェに行くか、とも考えた。

だが、クリスマスに恋人に値段の張るプレゼントを買って、クレジットカードの限度額ぎりぎりまで使ってしまっていることを思い出した。

とりあえず、喉が渇いたな。

修蔵さんは駅を出てすぐの場所にあった自動販売機に近づいた。

自販機は強い輝きを放って闇を押しのけている。

修蔵さんが財布のコインポケットを開いた時、

「ほれ、ほれ」

老人の声が聞こえた気がした。周りを見たが、誰もいない。

「ほれ、ほれ」

声は、自販機の下から聞こえた気がした。

見ると、自販機を左右から支える灰色の台の、左の方の台のそばから、人の指が二本出ていた。

人差し指と親指で、長方形の紙を掴んで、ひらひらと動かしている。

修蔵さんはぎょっとしながらも、樋口一葉の肖像画が見えたので、五千円札だな、と気づいた。

「ほれ、ほれ」

指が発しているらしいその声には、敵意が感じられなかった。

俺に札をくれるってことか。

修蔵さんはかがんで、ありがとうございます、といいながら、五千円札を掴んだ。

二本の指は、自販機の下の闇にすっと消えた。

自販機の明かりのなかで、札を透かしてみた。

本物の五千円札のようだった。

裏面の【５０００ＹＥＮ】の下の部分に、細くて少し歪んだ赤い線が二本、ほぼ平行に引かれている。少し湿り気が強い感じもあったが、それ以外は、変わったところはないようだった。

よし、これでちょっと余裕ができた。

修蔵さんはタクシー乗り場に一台だけ停まっていたタクシーに乗って、近くのネットカフェに向かった。

タクシーに揺られている間、修蔵さんは昔、祖父から聞いた話を思い出した。

キツネやタヌキに化かされ、偽の貨幣を渡されて、得をしたかと思いきや後で大損してしまう話である。

ただの教訓めいたファンタジーかと思っていたが。あの二本の指と五千円札も、そういうたぐいのことなのではないか。

気になって、財布の札入れから五千円札を取り出してみる。

タクシーの中はそれほど明るくなかったが、さっきと同じ五千円札の形状をしていることはわかった。

タクシーの運転手に五千円札を渡す時、これは受け取れませんねと拒まれたらどうしようか、と心配したが、運転手はすんなりと受け取って、お釣りを渡してくれた。

財布に残った金で、ネットカフェに朝まで滞在した。

急に金を手に入れたことの後ろめたさもあり、何かが起きるんじゃないか、と警戒したが、無事に家に戻ることができた。

なあんだ、あの五千円札、案外あっさり縁を切ることができたな。

修蔵さんは安堵した。

あの老人の声と指は、酔っぱらったせいで見た幻覚だったのかもしれない。

ただ単に、自販機の下にたまたま落ちてた五千円札を拾ったってだけだったのかもなと思い、その夜のことはしばらく忘れていた。

だが、先週。

修蔵さんが自宅近くの薬局での買い物をしている時、後ろから、「あんた、あんた」と話しかけられた。

振り返ったが、誰もいなかった。

話しかけてきた声が、あの自動販売機の下から聞こえた声に似ていることを思い出して、ぞっとした。

会計時に一万円札を使った時、お釣りで五千円札が返ってきた。

湿り気の強い紙幣の手触りに、覚えがあった。

裏面を見てみる。

【５０００ＹＥＮ】の下に、見覚えのある赤い線が引かれていた。

気味が悪くなり、千円札五枚と替えてください、と店員に頼んで、すぐに五千円札を手放すことができた。

「でも、あの五千円、また戻ってくる気がするんですよね。あの老人の声と一緒に。今のところ、害はないんですけど」

修蔵さんは困った顔をする。

ヒト怖イ話

赤い縄跳び

サヤさんは小学三年生の夏休み、土曜日の午後に友達と一緒に近所の公園で縄跳びの練習をしていた。

「あたしたちは、クラスのだれよりもたくさん二重跳びができるようになろうね」

サヤさんは友達と励まし合いながら、二重跳びの練習をしていた。

しばらく練習していると、二人とも汗だくになった。

曇っていた空が晴れ渡って、日差しがきつくなり始めた頃、

「それ貸して」

サヤさんは後ろから声をかけられた。

見ると、赤いワンピースを着た少女が、ブランコに座っている。

近所で見かけたことのない顔だった。

サヤさんや友達よりも背が高くて、年も上のように見える。

少女は不愛想な顔で右手を突き出して、指をくいくいと曲げていた。縄跳びを貸してみろ、と言いたげに見えた。

「なによ、あの態度。初対面なのに。縄跳びしたいなら、自分で取りにくればいいのに。サヤちゃん、ほっといて、練習続けようよ」

普段から強気な友達がそう言ったので、サヤさんはブランコの少女の言葉を無視して、二重跳びの練習を再開した。

友達の方は少しコツをつかんできたようで、二重跳びを十回ほど続けられるようになっていた。

サヤさんよりも、ジャンプが高くて、フォームも安定している。

私の方が運動できるはずなのに、と内心悔しがりながら、サヤさんも連続二重跳びに再び挑戦しようとした時。

「貸してって言ってるでしょ」

縄跳びを飛んでいる途中で、縄が何か引っかかった。

サヤさんが振り返ると、さっきの赤いワンピースの少女が、いつの間にか、すぐ後ろに立っていた。

持っていた赤い縄跳びの片方の端が、少女の手にひったくられた。縄をずるずると引っ張られ、サヤさんは転びそうになった。

「何してるんですか。返してあげてください」

友達はきつい声で少女に抗議してくれた。

だが少女は赤い縄跳びをぐいぐいと引っ張って、さっき座っていたブランコの方に歩いていく。

サヤさんは引っ張られるのに耐えきれず、転んでしまった。

少女は赤い縄跳びを持ったまま、ブランコの座面に立った。

縄の一端を、ブランコの上部の支柱近くの鎖に結び付ける。

もう一端を、少女は自分の首に巻き付けて、結んだ。そして、気を付けの姿勢になってから、地面に向かって倒れ込んだ。

体が斜めになって、少女が苦しそうな顔をした。

サヤさんは驚きのあまり、しばらく茫然とそれを見ていた。

「だ、誰か呼んでこよう」

サヤさんの友達が震える声で言い、公園の外に駆け出して行ってしまった。

怖くなり、サヤさんは友達を追いかけた。

買い物途中の近所のおばさんを見つけた。

サヤさんと友達は、おばさんに事情を説明して、手を引いて公園に戻ってきた。

ブランコに、少女の姿はなかった。

ブランコの鎖には、赤い縄跳びと、赤い風船が結ばれていた。

「なによ、女の子なんていないじゃない。もう、大人をからかったらだめじゃないの、忙しいんだから」

呆れながら、おばさんは赤い縄跳びをほどいてくれた。

「でも、よくあんな高い所に結べたわねえ」

おばさんはそう言って、サヤさんに渡した後、立ち去っていった。

「その縄跳び、やばいよ、捨てなよ」

友達にそう言われたが、サヤさんは自分の手にしっくりと馴染んだ赤い縄跳びを捨てる気にはなれなかった。

なんとなく、あの赤いワンピースの少女が自分に悪いものをもたらすようには思えなかった。

その後、サヤさんはその赤い縄跳びを使って、二重跳びを練習し続けた。それまでとは違って、体が軽くなった感じになり、学年で一番たくさん二重跳びが飛べるようになった。

だが、秋の終わり頃、赤い蛇に襲われる夢を見た日の夕方、サヤさんはその赤い縄跳びをなくしてしまった。

新しい縄跳びに買い替えてからは、サヤさんはなぜか二重跳びをうまく飛べなくなってしまったという。

おぶった先生

そんなサヤさんは、夏休みのさなか、家の近くの商店街で学校の先生を見かけた。

T先生という、若くて、百八十五センチほどの長身で、全身筋肉質の男性だった。プールの時間、二十五メートルを息継ぎなしで悠々と往復する姿を生徒に披露して、拍手を受けていた。

いつも元気で爽やかで、おおらかな先生だった。

八月初めの夕暮れ時、サヤさんは、T先生が商店街のど真ん中をうつむきながらのっそりと歩いているのを見た。

先生の白いTシャツはミートソースが飛び散ったように汚れている。口の周りには無精ひげが生えていて、口元はだらしなく開いていた。

体を大げさに左右に揺らしながらゆっくり進んでいく。

いつもの先生らしからぬ姿だった。

よく見ると、T先生は背中に何かをおぶっている。

長い黒髪が見えた。真っ黒なドレスのようなものを着ている。

背負われているのに、裸足の先が地面に時々当たっている。T先生よりも背が高いようにも見えた。

おかしな様子のT先生の方を、道行く人は全く見ていない。

サヤさんは心配になって、顔なじみのお肉屋さんでコロッケを買いながら、店員のおばさんに、T先生どうしたんだろうね、と訊いてみた。

「え、T先生って?」

「ほら、あの大柄な男の人だよ。誰かをおんぶしてて、すごくしんどそうに見えるの」

サヤさんはT先生のいる方を指差した。

「誰もいないじゃないの」

お肉屋のおばさんは不思議そうな顔をする。

見ると、T先生の姿が消えていた。通りの先を見回したが、大柄な先生の後ろ姿は見えない。

変だなあ、何かを見間違えたのかなあ、と思い、コロッケを買い食いしながらサヤさんは家に帰った。

夏休みが終わり、九月の中頃、サヤさんは昼休み、友達と図書館に向かっている途中でT先生に廊下ででくわした。

サヤさんは思い切って聞いてみた。

「先生、八月の初めに、誰かをおんぶして商店街をゆっくり歩いてませんでしたか？」

T先生は不思議そうな顔で首をひねった。

「誰かと見間違えたんじゃないか。八月の初めは、足を骨折して入院してたんだよ」

「そうでしたか」

やっぱり見間違えたのかな、とサヤさんは思った。

だが、その一週間後、掃除の時間にサヤさんが廊下の蛇口でバケツに水を入れている時、T先生が急に近づいてきた。

「おぶってた人のこと、誰にも言ったらだめだよ」

T先生はいつになく怖い顔で警告してきた。

サヤさんが小学六年生になった時。

修学旅行の写真が廊下に張り出された時、ちょっとした騒ぎが起きた。

滝を背景にした集合写真に、T先生の姿も映っていた。

T先生の後ろにぴったり寄り添うように、髪の長い大柄な女性がいた。その姿は、高速で縦に動いたようにブレていた。

サヤさんが商店街で見かけた、T先生がおぶっていた女性とそっくりだった。

それを見つけたT先生は、慌てた様子でその写真を剥がすとバタバタと立ち去った。

さらに、「生徒に悪影響を及ぼす恐れがあるため」という理由をつけて、T先生は生徒がその写真を買えないようにしてしまった。

数年後、同窓会で再会しても、T先生のおおらかで優しい態度は変わらなかったが、その写真のことに触れようとすると、黙って席を立ってしまうという。

ヒト怖イ話

見知らぬ女

大樹さんは春頃の夜、缶ビールを飲みながら、大学のサークル仲間二人とパソコンを介してオンラインミーティングをしていた。

国際関係を勉強するサークルで、これからの勉強会をどのように勧めていくのかを話し合っていた時のこと。

「あれ、大樹、彼女できたの？」

話し合いがひと段落着いたところで、サークル仲間の一人が言った。

「いや、いないけど。なんで？」

「いや、後ろにちらっと見えた気がしたから。茶髪でロングの」

「はあ、お前何言ってんの。俺の後ろは壁しかないよ」

大樹さんは四畳半の自室のベッドの上から、後ろの壁にもたれかかりながら、ノートパソコンを使って二人と話していた。

左右を振り返ってみたが、すぐ近くに茶色い砂壁があるだけだ。

後ろに人なんているわけがない。人の顔に見えるようなシミもないのに。

「俺も見えたぞ。なんだよ大樹、俺たちに隠してんのか。ひょっとして、サークルの女の子か?」

もう一人のサークル仲間がからかうような口調で言った。

「いやいや、後ろには壁しかないって言ってんだろ。お前ら、変なこと言ってからかうなよ、きもいから、そういうの」

大樹さんはそう言った直後、首筋に何かが触れるのを感じた。

柑橘系のシャンプーの香りがして、右後ろに何かがいる気配がある。

思い切って、振り返ってみた。

だが、やはり壁があるだけだった。

なんだよ、と思いながら、ノートパソコンの画面に視線を戻すと、自分の顔が映っているべきところに、知らない茶髪ロングの若い女の顔がある。

うわっと叫んで、思わずノートパソコンを閉じると、大樹さんは立ち上がった。

四畳半の部屋を隅々まで見渡す。

当然、自分以外には誰もいない。シャンプーの香りも消えている。

オンライン上で変な混線が起きたのか。

ちょっと飲み過ぎたせいで、感覚が変になって、見間違えただけかもしれない。

震える手で、ノートパソコンを開いて、ミーティングの場に戻った。

サークル仲間二人が、少し気まずそうな顔をしていた。

自分の顔は、あるべき場所に映っている。

「ごめんごめん、そんなにビビるとは思わなかった」

どうやら二人は口裏を合わせて、怖がりな大樹さんをおどかしてやろうと思って嘘をついたらしかった。

「んだよお前ら、ビビらせんじゃねえよ」

大樹さんは動揺を隠しながら、苦笑いを浮かべた。

それからしばらく、大樹さんは部屋の電気をつけっぱなしにして寝るようにした。

寝る前はスマホをいじるのが習慣だったが、画面上にあの茶髪ロングの女の顔が突然出てくるような気がして、その習慣をしばらくやめた。

そのおよそ三か月後。
大樹さんのいるサークルに、文学部一年生の女子が入会希望を出してきた。
彼女の顔を見て、大樹さんは驚いた。
あの時パソコンの画面に映った、茶髪ロングの女の顔と酷似していたのだ。
他のサークル仲間は、かわいい子が来たなあ、と喜んでいる。
だが大樹さんだけは喜べない。
お前、あの子が気になるんだろう、とサークル仲間にからかわれることもある。
が、それどころではなかった。
次の週、大樹さんは、その女子と初めて二人きりで話した。
「お久しぶりですね」
彼女からそう言われて、意味深な笑みを向けられたという。

ヒト怖イ話

金魚すくい

智也さんは大学一年の夏、初めてできた恋人と一緒に、近所の神社で行われていた縁日に遊びに行った。智也さんは木造アパートの四畳半に住んでいたが、恋人は裕福な実家で暮らしているらしかった。

金魚欲しいな、と花柄の青い浴衣《ゆかた》を着た恋人が言った。

歩いていると、ちょうど、金魚すくいの屋台があった。

半纏《はんてん》を着た威勢のいい屋台のおっさんからポイを手渡された。

「おう兄ちゃん、今ならタイムセールだから無料でいいぜ、そのかわり紙が破れたら終わりだからね」

髭面のおっさんは言った。

恋人にいいところを見せてやろう、と意気込みながら、金魚が泳ぐ簡易プールの前にしゃがみ込んだ。

「あれがいいな」

恋人の細い指が差した先には、体は赤いが目の周りだけが真っ黒な出目金がいた。

意外にああいうのが好きなんだな、と思いながら、智也さんはポイをその出目金にそっと近づけた。

出目金はポイに気付く様子はなく、おとなしくしていた。

よっしゃこれならすくえる、と智也さんが思った直後。

智也さんの右手首が、屋台のおっさんの毛深い手に掴まれた。

ぐいぐいと前に引っ張られて、智也さんは体勢を崩した。屋台のおっさんはいつの間にかひょっとこの面をつけている。

「なんなんすか、やめてください」

智也さんは言ったが、ますます手を強く引っ張られた。

そのまま顔から簡易プールに突っ込んでしまった。

上から強い力で、顔がプールの底にぐいぐいと押し付けられた。

ハハハハハハハ……。

何人もの子供たちが周りで笑っている声が聞こえた。

もがこうとしたが、体にうまく力が入らない。

肺の奥まで苦しくなって、意識が暗闇に吸い込まれた。

目を覚ました時には、自室のせんべい布団で横になっていた。

窓の外は真っ暗だった。額に氷枕が置かれている。智也さんが縁日に着ていった青い甚平《じんべい》はずぶ濡れだった。

すぐそばで、浴衣を着た恋人が正座をしている。

「俺、昨日の夜、屋台で……ごめん、よく覚えてないんだ」

恋人の名前を呼ぼうとしたが、なぜか思い出せなかった。

彼女はゆっくりと口を開けて、智也さんの顔をじっと覗き込んでいた。

やがて彼女の暗い口の中から、眼の周りだけが黒い出目金が次々に落ちてきた。

四畳半の畳の上で、出目金が弱々しく跳ねている。

彼女の顔に視線を戻すと、眼の周りがテニスボール大に黒く膨れ上がっていた。鼻と耳が無くて、口がパクパクと開閉している。

短く叫んで、智也さんは気を失った。

目を覚ますと、また布団の上だった。

窓の外は明るくなっている。畳のあちこちが、点々と濡れていた。

彼女は大丈夫だろうか、と心配になった。

智也さんは枕元の携帯電話を手に取って、彼女に電話をかけようとした。

だが、着信履歴には男友達の名前ばかりが並んでいた。

アドレス帳に並んだ名前を見ながら、彼女の名前を思い出そうとしたが、どうしても思い出せない。

彼女の顔を思い出そうとしても、気を失う前に見た、出目金のような顔しか思い浮かばなかった。

独りで部屋にいることが怖くなって、友達に電話をかけた。

恐怖を苦笑で隠しながら、こんな変な夢を見たんだよ、と言って、縁日での出来事を話していると、友達に笑われた。

「俺もお前も、彼女できたことないだろうが。どっちかに先に彼女ができたら焼肉をおごるって話だったよな。焼肉欲しさに嘘つくのはずるいぞ」

言われてみれば、女の子と付き合い始めた覚えなど、なかったような気がした。

無性に腹が減っていた。

部屋にある小さな冷蔵庫が空っぽだったことに気付いて、智也さんは近所のスーパーに買い出しに行った。

その帰り道、縁日が行われていたはずの神社に行ってみた。

思っていたよりも狭い神社で、縁日が行われるような規模ではなかった。

変な夢でも見ただけだったのかな、と首をかしげながら、木造アパートに戻った。

買ってきた食材をしまおうと冷蔵庫を開けた時、智也さんは息をのんだ。

ドアポケットの卵入れに、死んだ出目金が二匹、入っていたという。

ヒト怖イ話

頬杖をつく女

ヒカリさんはカフェでバイトをしている。

近所のアルバイト募集情報をなんとなく見ていたら、おしゃれで人気のそのカフェに珍しく求人が出ていた。

電話して面接を希望したら、あっさりと採用になったという。

バイトを始めてすぐ、ある噂を聞いた。

そのカフェの前の幅広い歩道に、深緑色の銅像がある。

しゃがんで頬杖をつく女の銅像だった。

女の髪は後ろでお団子にまとめられていて、顔を横に向けて、所在なさげな視線を駅の方に投げかけている。

雨の日の夕暮れ、傘の陰からその女の銅像を見ると、いつもと表情が違うように見える時がある。

女の顔が怒っているように見えたら、その週には思いもよらない幸運が訪れる。女の顔が嬉しそうに見えたら、その週には不運な出来事が降りかかるので注意した方がいい。そんな噂だった。

「へえ、そうなんですね、なんか怖いなあ」と先輩の話に合わせるように答えながら、そんなの気のせいでしょ、とヒカリさんは思っていた。

ヒカリさんはテレビの占いなどをあまり気にせず、幽霊や不可解な現象の噂にも、何か裏があるんじゃないかと思うタイプである。

ある日、ヒカリさんは先輩アルバイトと一緒に閉店作業をしていた。

午後七時頃。外は雨が降っていた。

「ああ、お腹すいちゃった。わたし、近くでラーメン食べてから帰るわ。ヒカリちゃんは、夜にあんまり食べないタイプだよね」

先輩はそう言って、ヒカリさんがうなずくのを見てから、駅と反対側に歩いて行った。

ヒカリさんは傘をさして、駅の方に一人で歩いて行った。

ふと、銅像の噂が気になった。

傘で視界が限られているので、銅像を見ずに駅まで歩くこともできる。
だがその時は、どうしても気になった。先輩たちの変な噂の真偽を確かめたい。
ヒカリさんは銅像に近づき、傘を上げた。
どうせ、いつものとおり、所在なげに視線を投げた顔をしているだけだろう。
街灯に照らされて、青緑色の銅像がいつもと違った色合いで見えた。
女の顔をちらっと見てみる。
しわくちゃに顔をしかめていて、雨のせいか、泣いているように見えた。
何かがいつもと違う。そう感じた理由に気付いて、ヒカリさんはぎょっとした。
いつもは胴体から横に向いていたはずの顔は、ヒカリさんの方をまっすぐ見ていた。
ヒカリさんは顔を背けて、駅の方に急いで歩いた。
きっと勘違いだ。いつもと違う角度から、雨の中で見たから、違和感を覚えただけだ。
そう自分に言い聞かせた。

次のバイトの時。
「ねえねえ、あの日、帰りにあの銅像、見たでしょ？」

バイトの休憩時間に、ヒカリさんは、閉店作業を一緒に行った先輩バイトから訊かれた。先輩はヒカリさんの帰る姿を見ていたらしい。

「はい。泣いてるように見えました、笑ってもなくて、怒ってもいませんでした。まあ、たぶん気のせいですけどね」

ヒカリさんが気軽な感じで答えると、先輩バイトは顔を曇らせた。

「あのね……あなたの前に働いてた子も、同じこと言ってた。だから、気を付けてね」

先輩は心配そうな顔で言った。


その後もヒカリさんはそのカフェで働き続けている。

バイトを辞めたくなるようなことは起きていない。

ただ、あの雨の日以降、金縛りに遭う頻度が増えたという。

「十円玉と同じにおいのする、重くて硬い何かが、掛け布団の上に乗っている気がするんですよ。眼は絶対に開けませんけどね」

ヒカリさんは苦笑いを浮かべる。

ヒトコワイ話

潜水名人

ヨシキさんは十歳くらいの時、父親と一緒に近所の銭湯によく通っていた。

父親は大手企業に勤めていて、仕事の都合上、あちこちに転勤した。

母親と一人息子であるヨシキさんもそのたびに一緒に引っ越して、近所の人に早く馴染めるようにそれなりに努力した。

それはヨシキさんにとって二度目の引っ越し先で、田舎町に来ちまったなあ、と父親はぼやいていた。

だが、その町の銭湯だけは、父親は気に入っていたようだった。

ヨシキさんも、社宅の狭いバスタブではなく、銭湯の広い湯船が好きだった。

ある日。ヨシキさんが父親より早めに体を洗い終えて、先に湯船に浸かっていた。

よおボウズ、今日も来たか、などと近所の男たちがヨシキさんに話しかけてくれた。男たちの中に混じって、一人、見慣れない男がいた。体はブクブクと太っているのに、顔は不自然なほどに細長かった。額がだいぶ後退していて、かろうじて残った髪を真っ赤に染めている。

赤髪の男は他の客の間をスルスルとすり抜けてきて、ヨシキさんのすぐ隣に座った。不気味なおっちゃんだなあ、とヨシキさんは思った。

周りの大人たちは、赤髪の男に気付かないようなふりをしている。

この人、なんか変だ。ここにいたらまずい気がする。

湯船から出て、髪の毛を念入りに洗っている父親の近くに行こうと思った時、ヨシキさんは後ろから肩を掴まれた。

「おぼっちゃん、よおく見ていてください。わたくしは、五分でも十分でも潜っていられる名人なのです」

赤髪の男はそう言うと両腕を真上に伸ばして両手を合わせた。大きく息を吸った後、今度は胸の前で手を合わせ、頭で湯を抉るような動きをしながら湯船の底へと沈んでいった。

ざばりと水が跳ねて、周りの客にもかかったが、客は何事もなかったようにゆったりと湯に浸かっている。

ヨシキさんがゆらゆらと揺れる水面を見つめているうちに、赤髪の男の姿は水の中に溶けるように消えてしまった。

ヨシキさんは驚いて、湯船から出て父親の腕を掴み、赤髪の男が湯船で消えてしまった時のことを話した。

わかったわかった、ほったらかしといてすまなかったな、でも変なことを言ったらいけないよ、と父親はヨシキさんをなだめるように言った。

その後もその銭湯には何度か通ったが、赤い髪の男を見かけたことはなかった。

他の客に、この前、髪を真っ赤に染めた人がいましたよね、と訊いても、何言ってるんだい、と笑われるだけだった。

僕にだけ見えてたのかなあ、とヨシキさんは不思議がった。

それからおよそ十年後。ヨシキさんは大学の軽音楽サークルの友人と一緒に、大学の近くにあった銭湯に行った。

平日の昼間、銭湯はすいていた。

友人と一緒に広い湯船に浸かっていた時、誰もいなかったはずの水風呂から、ざばりと誰かが出てきた。

髪を赤く染めた男だった。体が太っているのに、顔が不自然に細い。

あの時の男だ、とヨシキさんは気づいた。

赤い髪の男はヨシキさんに近づいてきて、

「おぼっちゃん、お久しぶりです」

と言った後、脱衣場に出ていってしまった。

友人の一人が「さっきの変なおっちゃん、知り合いか?」と訊ねてきた。

ヨシキさんは唖然としながら、

「いや、別にそういうわけじゃないけど」と曖昧な返事をした。

「さっきの変なおっちゃんって、なんのことだよ」と別の友人が訊いてきた。

どうやら、視える奴と視えない奴がいるようだった。

その二日後、ヨシキさんは軽音楽サークルで気になっていた女子大生からメールで呼び出されて「付き合いたい」と告白された。

ヨシキさんの方も気になっている女性だった。

だが、待ち合わせ場所に現れた彼女は、なぜかその日に突然、髪に赤いメッシュを入れてきた。

銭湯で見たあの男の髪と同じ赤色に見えた。

彼女の顔を見るたびに、あの男を思い出すことになりそうだな。

どうにもそのことが気になってしまって、ヨシキさんは彼女との交際を断った。

家に帰ってから、髪の色なんて気にしなくてよかったのになあ、とヨシキさんは後悔したが、その後、彼女にすっかり嫌われてしまったという。

ヒト怖イ話

クラブにて

ミウさんは週末になると繁華街にあるクラブに行って、壁のスピーカーからヒップホップ系の爆音が流れる中を踊るのが好きだった。

「その日、あたしのめっちゃ好みの人がいて」

ミラーボールが発する鮮やかなライトの中で、金髪で長身のカッコいい男性がいた。ブラックのレザージャケットもスキニーパンツも、右耳に付けた大きめのピアスもよく似合っていた。

ミウさんは音に乗って夢中で踊るふりをしながら、その男性に近づいた。

男性の方も、ミウさんの存在に気付いてくれたようで、ちらちらと視線をくれた。

これはいけるかも、とミウさんは思った。

男性の近くで踊っていると、後ろから声をかけられた。

爆音の中、男性がミウさんの耳に口を近づけて、一緒に呑もうよ、と誘ってきた。

ミウさんは笑顔でうなずいた。男性が手で示したテーブルに一緒に向かおうとした途中、男性はミウさんの肩を掴んで、キスをしてきた。

ミウさんの鼻の奥に、不快なにおいが押し寄せた。

蒸し暑い日にドブ川の近くを歩いている時に嗅ぐような腐臭。

吐き気がして、ミウさんは男性を突き飛ばした。

胃から喉に酸っぱいものがこみあげてきたが、両手で口を押えて何とか堪《こら》えた。

顔を上げると、目の前にいたはずの男性が消えていた。

ミウさんは暗いフロアを見渡した。どこにも彼はいない。その場にいた何人かの知り合いに男性の特徴を話してみたが、そんな人は見ていない、と言われてしまった。

「それより、なんでそんなの持ってんの?」

一人の女友達が不思議そうな顔でミウさんに訊いてくる。

ミウさんはいつの間にか、右手に透明なコップを持っていた。

コップに酒は入っておらず、代わりにさっきの男性の耳に付いていたはずの大きめのピアスと、干からびたオタマジャクシが入っていたという。

警備員研修

エイジさんは定年退職した後、警備会社に勤めることにした。

新任研修というものがあった。

警備業法や刑事訴訟法など、警備業務に関わる座学の後、研修用の映像を見せられた。

中年の社員が、あるＤＶＤをセットし、再生した。だが、画面に何度かノイズが走った後、映像が止まってしまった。

顔立ちの整った若い警備員が、装備の正しい身に着け方を解説している所だった。

画面では、赤紫色の糸をより合わせた紐状のものがズームアップされている。

モールと呼ばれる、白い警笛が先端に付いた装備品だ。モールは吊紐とも呼ばれ、怪我人を手当てする時の止血帯、あるいは暴漢を私人逮捕する際の拘束用具としても利用される。

研修担当の中年の社員は、顔をこわばらせ、額に汗をかきながら、ＤＶＤのリモコンをあれこれ操作していた。だが、ＤＶＤはまともに再生されなくなってしまい、代わりに座学の続きが行われた。

警備員として働き始めて半年が経った頃、エイジさんは、新人研修の映像に出てきた若い警備員の噂を聞いた。

彼はあの映像を収録した後の仕事で、車両誘導作業中、生コン運搬用の四トンミキサー車に衝突され、大怪我を負って意識不明に陥ってしまったという。

「生コン車はコンクリートを運んだ量に応じて報酬が支払われるので、ドライバーが警備員の指示を無視して強引に行き来することがあるから気を付けてくださいね」と先輩アルバイトから教わっていた。まさにそんなドライバーによる事故だったのだ。

大怪我を負った若い警備員が身に着けていた備品は、経費を節約するため廃棄されず、クリーニングに出された後、別の隊員に貸与されているとかで、彼の血を吸ったモールは、他のモールよりも少しだけ赤黒い色をしているらしかった。

実はそのモールは、彼が大怪我を負う前に別の高齢の警備員が使っていたが、その人は夜間の建設現場の警備中、暴走車に轢かれて血まみれになった、という噂もあった。

噂を知っている警備員は、夏と冬にある制服貸与と装備品交換の時期、他の人間のモールよりも自分に貸与されたモールが赤暗い色になっていないか、注意しているという。

そういういわくつきの装備品は、体力や記憶力が衰えて使いづらくなった高齢者に回すことが多いらしい、と聞いてからは、エイジさんは特に気を付けている。

ヒト怖イ話

ジョギング中に

アキコさんは大学生のある時期、早朝にジョギングすることを日課にしていた。

起床後、空腹状態で走ると、よく脂肪が燃焼する、と聞いていたからだ。

朝五時頃に起きて、水分だけを摂取し、ジャージに着替え、準備運動をしてから、マンションの近くの川沿いの遊歩道を走っていた。

人通りがほとんどない遊歩道で、朝焼けを見ながら澄んだ空気を吸って走るのが気持ちよかったという。

ある日、いつものコースの帰路を走っていると、百メートルほど先に二人の男性らしき人影が揉み合っているのが見えた。二人とも白いマスクを着けていたので、顔はよくわからなかった。

朝からトラブルには巻き込まれたくないな。アキコさんはそう思って踵を返し、少し遠回りをしながらマンションの自室に戻った。

昼間、大学の食堂で、スマホで何気なくネットニュースをチェックしていたアキコさんは、「地域の事件・事故」カテゴリーのある記事を見つけて、驚いた。

自分が住んでいる地名が出ていた。住所は、あの川沿いの遊歩道のある場所だ。

午前七時頃、若い男性が川で死亡しているのが発見されたという。

現場近くに残された靴の中に遺書のようなものがあったことから、警察は自殺とみて調べている……。

アキコさんの背中に冷や汗が流れた。

時間帯からして、あの揉めていた二人のうちの一人が、殺されたのではないか。だったら、警察に通報した方がいいのではないか。

いや、そうとは限らないか。あれとは全く別件で、誰かがあの川に飛び込んだだけかもしれない。下手に通報なんかしたら、自分にあらぬ疑いがかかってしまうかも。

そんなことを考えながら、アキコさんは早朝のジョギングをやめてしまった。

その翌週のこと。夕方、大学から帰ってきて、最寄り駅からマンションへと歩いている途中で、アキコさんは自転車に乗った若い制服警官に呼び止められた。

「こんばんわぁ。最近は朝、走ってないんですか。防犯上、何か問題があったのでしたら、わたしども警察にお気軽にお知らせくださいね」

「いえ……特に、大丈夫です」

アキコさんがそう言うと、若い制服警官は爽やかに笑ってから自転車で去っていった。

変なことを言ってくる警官だなあ、と思った直後、アキコさんはドキリとした。

なぜ、自分が朝走っていたこと、走るのをやめたことを、彼は知っていたのか？

あの時、揉み合っていた男性二人のうち、体が大きかった方に、彼の背格好が似ているような気がした。彼の方からは、私の顔を見られていたのだろうか。

あれはやっぱり、自殺なんかじゃなくて……。

でも、もし彼が、本物の警察官だったら……？

その時のマンションからは引っ越したが、制服警官やパトカーを見かけると、アキコさんは今でも体が緊張するという。

ヒト怖イ話

ゆるさない

ユウコさんはこの夏、久しぶりに父親の眠る墓を訪れた。

墓石の前に、皮が茶色くなったリンゴが置かれていた。

リンゴのヘタが白い。よく見ると、白髪が巻き付けられている。年のわりに艶があった父の髪だ、とユウコさんは思った。

誰がこんな気持ち悪いことを？

そう思いながら、墓地の端にある、枯れた花などを捨てる場所にリンゴを捨てようと持ち上げたら、リンゴの下に折りたたまれて置かれた小さな白い紙を見つけた。

【しんでもゆるさない】

芯の濃い鉛筆で、大きくそう書かれていた。

ったくオヤジ、死んだ後も女の人から恨まれるような晩年だったのかよ。

その紙もろともリンゴを投げ捨てた。

ユウコさんは呆れた気分のまま、新幹線に乗り、夜、都内のマンションに戻った。

部屋のドアの前に、何かが置かれていた。

黒く腐って崩れたリンゴだった。コバエがたかっている。驚きと不快感を覚えながら、腐ったリンゴをマンションの廊下の隅へと蹴り飛ばした。


「まあ別に、そのあとは変なことは特にないので、大丈夫だと思うんですけど」

ユウコさんはそう言って苦笑し、何度かうなずいた。

彼女の黒髪から、リンゴ酢のようなにおいが立ちのぼった。

ヒト怖イ話

ハート形のプレゼント

チカさんが大学一年生だった時の話。

夏休みが終わった後、語学の授業が始まる前に、アジア各国を旅してきたという同じクラスの男性からプレゼントをもらった。手のひらに収まるほどの大きさの、白っぽくて半透明のハート型に加工された石だった。

彼はそのお土産を黒いバッグから取り出す時、なぜか左手の人差し指と中指だけを使って渡してきた。変な持ち方だな、と思いながらも、少し好意を寄せていた男性からお土産をもらえたので、チカさんはうれしかった。

鏡の近くに置くと身を守ってくれる——そう聞いたので、チカさんは部屋の隅にある鏡台の前にその白いハートを置いた。だがその日の夜から、チカさんは眠りが浅くなってしまった。息苦しさで目が覚めると、額が脂汗まみれで、脈が速くなっていた。

それが三日続いた。

心臓に異様な負担がかかる感じ……もしかして、もらったあのハート型の石のせいなのか。そう思いいたったチカさんは、河川敷に行って鉄塔の側に投げ捨てた。

その日から、息苦しくて起きてしまうことはなくなった。

一体あれが何だったのか、次の週の語学クラスで、チカさんはハート型の石をくれた男性に、どこで買ったものなのかを訊こうとした。

だがその男性は、教務課で大学職員と怒鳴り合いをした後で大学を退学してしまった、と共通の友人から聞いた。

彼は教務課室にあったボールペンで自分の左手を何度も刺して血だらけにするという奇行もしたそうで、あの渡されたハートを捨ててよかった、とチカさんは思った。


その数年後、派遣社員として働くチカさんは陰湿な性格の上司に悩まされていた。

ある日曜日、チカさんはハート型の石を捨てた河川敷に行った。

目印にしてあった鉄塔の側を目指して歩いた。小雨に濡れる草を踏みしめて進むと、数年前に捨てたのとほぼ同じ場所に、半透明のハート型の石を見つけた。

まさか見つかるとは思わなかったチカさんだったが、それを拾ってほくそ笑んだ。

翌日、嫌いな上司が離席している隙に、近くのごみ箱を片付けるふりをして、上司の雑然としたバッグの底に件のハートの石を忍び込ませた。

その週の帰宅中、上司はバイクに轢かれ、一命は取り留めたものの、しばらくの間会社に来ることはかなわなかった。

そんなある日、チカさんが同僚と一緒に上司の見舞いに行った時、「これ気持ち悪いから捨てておいて」と、ハート形の石を上司から押し付けられたという。

「こういうのって、別に罪にはならないですよね？」

なぜかまた手元に戻ってきたその石を、チカさんはある場所に保管している。

今の彼氏が浮気したら使ってやるつもりです、とチカさんはニッコリ笑った。

ヒト怖イ話

家電付き格安物件

「ちょっと変だなってだけの話なんですけどね」

コウジさんは大学に通うために一人暮らしを始めた。

住んでいるのは、その地域の家賃相場から比べると、かなりお得な格安物件だ。

しかもその部屋には、エアコン、冷蔵庫、電子レンジなどの家電もついていた。それなのに、他の部屋よりも二千円ほど安かった。

ある夜、近くの居酒屋で終電間際まで一緒に飲んだ友人が、その部屋に泊まりに来た。

「レバニラでも作った？　血のにおい、すげえな」

友人は顔をしかめながら、１ＤＫの部屋の中を嗅ぎまわった。冷蔵庫と電子レンジから、特に強いにおいがするという。

わりい、やっぱちょっと今日は帰るわ、と言って、友人はおぼつかない足取りで部屋を出ていってしまった。

友人にそう言われてから、コウジさんは冷蔵庫の音が気になるようになってしまった。夜中、目を覚ますと、キッチンにある冷蔵庫から出る低い音が耳につくようになる。しかも時々、幼い子供が首を絞められて苦しんでいる声のように聞こえるという。

「でもこういうのって、気のせいですよね。別にオレ、体の不調とかはないんすよ」

コウジさんがそう言った時、彼の足元にある黒いバッグから、笛ラムネを吹いた時のような音がして、コウジさんは不思議そうな顔をした。

ヒト怖イ話

コスプレ配信

アイさんは高校一年の夏休みにコスプレ配信をやってみた。

配信をやるかどうか、しばらく迷っていたが、好きなアニメの衣装がネットオークションでかなり安く手に入ったことに背中を押された。

高校のクラスメイトにバレたらからかわれる、と思い、あまりユーザーの多くない配信アプリを使うことにした。

衣装を着た姿を見てもらいたい。そんな気持ちだった。自分の顔にはあまり自信がなかったので、首から下が映るように、カメラの角度を工夫する。

「声が癒し系だよねって昔の友達から言われたこともあったので、癒し配信というタイトルで、なるべく優しめな声を流すようにしました」

夜中、家族が寝静まった頃、三十分ほど好きなアニメのキャラのことを話し続けた。

八月の初週から毎日のように配信をやってみたが、視聴者数は一桁台、という「過疎配信」と呼ばれる状態が続いた。

コメント欄にもほぼ書き込みがなく、あっても「話がつまらない」「顔見せられないならやめたら?」などの冷たい言葉が並んだ。

そんな中、五日目くらいから毎日のように来て「かわいいね」と書き込んでくれる人がいた。〈ゆめうらないし〉というユーザーネームで、男性か女性かはわからなかった。


ある夜、いつものように、ピンク色のロングのウィッグを着け、魔法少女ものの衣装を着て配信していると「その衣装ってどこで買ったんですか」と〈ゆめうらないし〉から訊かれた。

「ネットオークションです」と答えると、

「背中の裏地、見てみて、茶色いでしょ、やばいかも」と言われた。

優しい人だと思ったのに、変なことを言ってくるなあ。そう思いながらも、配信を中断して、衣装を確かめた。

言われた通り、背中の裏地の部分に茶色い染みがついていた。

買った時には、こんな汚れ、なかったはずなのに。

別の衣装に着替えて、配信を再開すると、〈ゆめうらないし〉が「だいじょうぶ?」とコメントしてきた。さらに「それと同じ衣装を着ていた子が、配信後に向精神薬を大量に飲んで意識がもうろうとしている中で、車道に飛び出して重傷を負った」というようなことが書かれている。

そんないわくつきの衣装だったのか。だからこんなに美品なのに安かったのか。

でも、なんでそのことを〈ゆめうらないし〉は知っているのだろう。

不思議に思い、訊いてみると「それ、私の姉の話だから」とコメントが来た。

〈ゆめうらないし〉の姉はオークションでこの衣装を手に入れたあと事故に遭ったのだ。そして入院した姉から「あの中古の衣装、ヤバいから捨てて」と頼まれていたらしい。

確かに、その衣装から禍々しいものを感じて、燃えるゴミの日に捨てたそうなのだが、なぜか、それはオークションで再び流通していたのだ。

〈ゆめうらないし〉は、その衣装のアニメのキャラの名前で検索をかけてみたところ、アイさんの配信にたどりついたという。

そんな話を聞いたアイさんは、急に気持ちが悪くなった。

翌朝に燃えるゴミの収集があったので、アイさんはゴミ収集車の到着を待って、衣装を燃えるゴミとして捨てた。

次の日、横断歩道を渡っていたアイさんは、バイクに轢かれそうになった。

そのバイクのライダーは、黒いヘルメットからピンク色のロングヘアがはみ出ていた。

捨てた衣装のキャラと同じ髪色だった。

「なんで捨てたの?」

バイクのライダーから、去り際にそう言われた気がするという。

ヒトコワ話

バイクと神社

ヨウスケさんは若い頃、仲間と一緒に、改造したバイクを乗り回していた。

ある時、国道沿いにある大きな神社の「デカい鳥居の前でオレたちの写真を撮ろうぜ」とバイク仲間と盛り上がった。この神社の参道は広く、五台の改造バイクを並べて映える角度で撮影できるのだ。

さんざん乗り回してからの午後十一時過ぎ、神社には人は誰もいない。鳥居側にある街灯がいい感じの明るさを保っている。

鳥居を入ったところに五台のバイクを並べ、カメラをセットして仲間五人が並んだ。

「そこのバイク、もうあかんぞ」

急に後ろから声がした。

どこから現れたか老人が、参道に停められた五台のバイクの真ん中、ヨウスケさんのバイクを指さした。

気持ちわりぃジジイ、とヨウスケさんは思わずつぶやいていた。

神社の真ん中は神様の通り道だから避けないといけない。昔、親からそう教わったことを思い出したが、そんな迷信なんて関係あるかよ、と腹の中で笑った。

その老人は思いもよらないスピードでバイクの横を抜けると、神社の奥へと歩き去っていった。

「なにあのジジイ、キメエなあ、あんな速く歩きやがって」

ヨウスケさんは笑いながらそう言ったが、お前何言ってんだよ、とバイク仲間は首をかしげていた。


さんざん写真を撮って、再びバイクに乗るとよく行くファミレスで五人で食事をした。

そして夜中、ヨウスケさんはアパートに戻り、駐輪場にバイクを停めた。

後輪が変だった。ゴムの部分の広範囲が粘ついた赤黒い液体で汚れている。

何かを轢いちまったのか？　そんなことはなかったはずだがと思いながら、ヨウスケさんがバッグの中に残っていたミネラルウォーターを後輪にかけると少しマシになった。

改めて洗車しようと決めて、その夜は就寝した。

翌朝、ヨウスケさんは自分の悲鳴で目を覚ました。

体中が汗だくだった。バイクで後輪が浮き上がり、コントロールが取れなくなりアスファルトに激突する夢を見たのだった。

顔から落ちた瞬間にヘルメットが何の具合だか外れてしまい、頬の肉が地面に擦れて削げ、自分の腕と足があらぬ方向へと曲がってしまっているのをヨウスケさんは見ていた。そしてその痛みを伴って目が覚めたのだった。

顔を触るが何ともない。ホーッと息を吐いたと同時にふいに、神社で会った老人のことが頭に浮かんだ。

なにやら急に気持ち悪くなって「インフルエンザに罹ったかも」とバイク仲間に伝えて、バイクに乗ることをしばらく控えた。

それから「新しく買い替えたくなったから」といって、ヨウスケさんはそのバイクを、別のバイクグループの知り合いに売ることにした。

数週間後、バイクを買ってくれたその知り合いが事故に遭った、という話を聞いた。

彼は両脚と右手を開放骨折し、ヘルメットをラフに着けていたのが災いし、顔の半面を失う大怪我を負ったという。

急に後輪だけが浮き上がりコントロールを失った彼は、叩きつけられたアスファルトの上を十メートルにわたり削られながら滑ったのである。

「まさに俺が夢で見た状況と事故の様子なんすよね。でも俺もいまだに時々、夢で見ちゃうんすよね。めっちゃ痛くて、脳みそまで熱くなるんすよ。皮膚が焦げた臭いで息苦しくなるし――」

肉が削れて頬骨まで剥き出しになるんすよねえ、とヨウスケさんは大きなニキビができた右頬をさする。

★読者アンケートのお願い

本書のご感想をお寄せください。
アンケートをお寄せいただきました方から抽選で
10名様に図書カードを差し上げます。
（締切：2023年12月31日まで）

応募フォームはこちら

ヒト怖イ話 堕ちる首

2023年12月6日　初版第1刷発行

著者……………………………………………………… 播磨龍次
デザイン・DTP ……………………………………………… 延澤武
企画・編集 ……………………………………………… Studio DARA

発行人…………………………………………………… 後藤明信
発行所…………………………………………………… 株式会社 竹書房
〒102-0075　東京都千代田区三番町８－１　三番町東急ビル６F
email：info@takeshobo.co.jp
http：//www.takeshobo.co.jp
印刷所……………………………………………… 中央精版印刷株式会社